CŒUR
DE
TIGRE

DU MÊME AUTEUR
CHEZ POCKET

ALMA MAHLER
JENNY MARX

FRANÇOISE GIROUD

CŒUR DE TIGRE

PLON/FAYARD

Le Code de la propriété intellectuelle n'autorisant, aux termes de l'article L. 122-5. 2° et 3° a), d'une part, que les « copies ou reproductions strictement réservées à l'usage privé du copiste et non destinées à une utilisation collective » et, d'autre part, que les analyses et les courtes citations dans un but d'exemple et d'illustration, « toute représentation ou reproduction intégrale ou partielle faite sans le consentement de l'auteur ou de ses ayants droit ou ayants cause est illicite » (art. L. 122-4).
Cette représentation ou reproduction, par quelque procédé que ce soit, constituerait donc une contrefaçon sanctionnée par les articles L. 335-2 et suivants du Code de la propriété intellectuelle.

© Plon/Fayard, 1995

ISBN 2-266-07236-6

À J.-J. S.S.

« *Il n'est pas de meilleur moyen de servir sa mémoire que de faire connaître sa vie, son action, sa passion auxquelles je ne crois pas qu'aucune vie, aucune action, aucune passion ne puisse être comparée. Il fut à lui seul, et pour ainsi dire en chacun de ses jours, un drame. C'est là sa marque.* »

Lettre de Charles de Gaulle
à Georges Wormser,
à propos de Clemenceau.

Pourquoi Clemenceau ? Pour rien. Parce qu'il me plaît.

Comme beaucoup d'enfants de ma génération, celle qui n'aura bientôt plus de représentants, j'ai été bercée de sa légende, entretenue dans l'admiration et la reconnaissance de ma famille pour le grand homme que mon père avait eu le privilège de rencontrer plusieurs fois.

Des grands hommes, le siècle n'en a pas compté beaucoup. Dans le champ des affaires publiques, on n'en voit guère que trois en Europe : de Gaulle, Churchill et Clemenceau. Trois chefs de guerre, transcendés par une guerre, qui furent également écartés du pouvoir au soir de leur vie après avoir tenu leur nation à bout de bras à travers l'épreuve. Trois irréductibles.

Dans la mémoire collective, Clemenceau c'est le Père la Victoire, et, sans doute, pendant les douze mois où il fut responsable de la France, entre 1917 et 1918, a-t-il mérité ce nom.

Mais Clemenceau, c'est bien autre chose aussi. C'est la République pour laquelle il s'est tant battu. C'est un tempérament, c'est une âme ardente et forte en état d'insubordination permanente contre les forces de la réaction et la bourgeoisie de son temps dont il méprisait l'étroitesse d'esprit, la pruderie, la prudence. C'est un combattant de toutes les heures, que l'on surnomma le Tigre tant il avait des griffes meurtrières. C'est un homme enfin, avec ses faiblesses, ses erreurs, ses passions.

Cœur de Tigre n'a pas pour objet d'écrire par le menu sa biographie. D'innombrables historiens s'y sont employés. Il s'agit plus modestement d'un portrait.

Le voici.

1

> *« Je suis un mélange d'anarchiste et de conservateur. Reste à déterminer dans quelles proportions. »*
>
> Georges Clemenceau
> à Jean Martet.

Les derniers feux

Il a quatre-vingt deux ans. Il a été éjecté de la vie politique à soixante-dix-huit ans au faîte de la gloire. Les parlementaires chargés d'élire le président de la République lui ont préféré l'avantageux Deschanel.

Vengeance de trop d'avanies, de trop de mots féroces, de trop d'indépendance.

Il vit reclus entre son rez-de-jardin fleuri de Passy, bourré de gravures, de tableaux, de sculptures, et sa chaumière de Vendée. Il a du diabète, il est ganté de gris parce que ses mains sont ravagées par un eczéma récurrent, ses bronches sont fragiles, mais il a fait encore trois voyages épuisants en Égypte, en Asie, aux États-Unis, avant de poser son sac.

Maintenant, Georges Clemenceau écrit à la plume d'oie, derrière un étrange bureau en arc de cercle, un ouvrage philosophique, *Au soir de la pensée*. Il reçoit encore beaucoup de visiteurs.

Un jour, c'est une jeune femme en grand deuil qui se présente, Marguerite Baldensperger. Elle vient d'Alsace lui demander un texte pour une collection de livres. Il la reçoit gentiment. Elle lui suggère d'écrire sur Démosthène. Il la trouve charmante et le lui dit. Elle revient une fois, deux fois, présente son mari. La troisième fois, il l'interroge : de qui porte-t-elle le deuil ? Elle a perdu un enfant, épreuve cruelle. « Je vais beaucoup penser à vous, lui dit-il. Il faut reprendre le goût de la vie. Il faut lutter, je vous aiderai. »

Et, lui tendant la main à travers le bureau : « Mettez votre main dans la mienne. Voilà. Je vous aiderai à vivre, vous m'aiderez à mourir. Tel est notre pacte. Embrassons-nous. »

Elle a quarante ans de moins que lui. Le Tigre est tombé amoureux.

À partir de cet instant, les jours où il ne voit pas Marguerite Baldensperger, il lui écrit. Des lettres superbes, drôles, tendres, fraîches, des lettres de jeune homme épris, prompt au badinage. Cette idylle a duré six ans, jusqu'à ce que le cœur du Tigre cesse de battre, le temps de six cent soixante-huit lettres qui furent révélées en 1970 seulement[1]*.

Elles sont comme une encoche dans l'image traditionnelle de Clemenceau : dur, destructeur, instable, cruel, insupportable, misogyne, insolent, irascible... « Ce terrible petit vieillard », dira Churchill.

On verra qu'il fut tout cela aussi.

Le fils de son père

Le premier Clemenceau qui retient l'attention, c'est celui qui fut maire de Montmartre pendant la Commune.

Il n'a pas trente ans. Il est médecin, comme son père, son grand-père, son arrière-grand-père. Quand on remonte les générations, on trouve un libraire imprimeur, un apothicaire, deux avocats... Vieille famille vendéenne « bleue », c'est-à-dire vigoureusement républicaine. L'un des ancêtres s'est engagé pendant la Révolution dans l'armée républicaine de l'Ouest qui tentait de soumettre les royalistes vendéens.

« J'aime les Vendéens, dira Clemenceau, ils ont un idéal et, pour le défendre, quelque chose de têtu, d'étroit, de sauvage qui me plaît[2]. »

---

* Les références bibliographiques sont en fin de volume, p. 223.

Mère protestante qui fait lire la Bible à ses six enfants mais qui a dû jurer à son mari, athée farouche, de ne jamais les baptiser. Éducation à la fois sévère et raffinée. Féodale. Cheval, chasse, danse, culture classique. Les Clemenceau sont aisés et vivent sur leurs terres — quatre-vingts hectares, deux métairies —, en seigneurs paysans, ce que Georges Clemenceau sera toute sa vie. « Mon grand-père allait voir ses vaches en cravate blanche », racontera-t-il[3]. Il connaît chaque brin d'herbe du bocage, chaque chemin creux, il est enraciné dans ce paysage de collines douces, de haies vives et de ruisseaux, il ne veut rien savoir du commerce et de l'industrie.

À une époque où l'on n'y pensait guère, il change de chemise tous les jours. Sa tenue est toujours impeccable. Il n'est pas grand mais il est mince, leste, fin cavalier, escrimeur redoutable, tireur émérite, avec un curieux visage que l'on dirait mongol, aux pommettes accusées, à l'œil aigu sous d'épais sourcils noirs.

Quand éclate la guerre de 70, il vit dans le château familial, à L'Aubraie, grande bâtisse sévère flanquée d'une ferme, avec les siens et la jeune épouse qu'il a ramenée d'un séjour en Amérique, Mary Plummer, jolie brunette de dix-huit ans, et il exerce la médecine.

Il a enduré un chagrin d'amour qui fut aussi un chagrin d'orgueil, infligé par la sœur de l'un de ses amis, Hortense Scheurer Kestner, jeune fille belle et courtisée. Il a voulu l'épouser, elle l'a repoussé. C'est alors qu'il est parti aux États-Unis où il a vécu quatre années, parcourant le pays en tous sens, faisant des traductions, écrivant des articles pour *le Temps* de Paris, donnant des leçons d'équitation.

Il a épousé Mary quand il a appris qu'Hortense s'était mariée avec Charles Floquet, un avocat qui deviendra parlementaire. Et la petite Américaine a quelque peine à s'intégrer à la vie vendéenne. Mais il la plante là, avec son bébé tout neuf, pour rentrer à Paris d'où il va assister, horrifié, à la débâcle de Sedan.

Ici, il faut dire quelques mots du père de Clemenceau, Benjamin, tant il aura joué un rôle déterminant dans les comportements de son fils. C'est un homme rigide, bon, sombre, toujours furibond.

« L'état normal de mon père est l'indignation », dira Clemenceau. Il a élevé ses six enfants dans l'amour exigeant de la Révolution française, mère de la République, et a suspendu des portraits de Robespierre et de Saint-Just dans toute la maison. Son républicanisme est assorti d'un anticléricalisme frénétique. Il tonne contre la religion « qui n'a produit qu'inertie et résignation stupide. Il est difficile de croire, dit-il, qu'une doctrine qui n'a produit que misère et tyrannie depuis deux mille ans peut soudain donner naissance au bonheur et à la liberté[4] ».

Hormis son cocher et son jardinier, il n'adresse jamais la parole à ses domestiques et se fait servir à table par sa femme.

Dressé contre Napoléon III et fiché comme opposant irrécupérable, il a été incarcéré sous le Second Empire, à Nantes, lors d'une vague de répression, et condamné à la déportation en Algérie.

Son fils l'a vu partir pour Marseille menottes aux poignets, entre deux gendarmes, et ne l'a jamais oublié. L'une de ses filles, Emma, en a éprouvé un tel saisissement qu'elle en a perdu la mémoire et l'usage de la parole. L'adolescent, lui, s'est écrié : « Je te vengerai ! — Si tu veux me venger, travaille ! » a répondu le père. Ce « Travaille ! » s'adressait à un élève brillant, certes, mais irrégulier. Pour finir, Benjamin Clemenceau sera gracié. Mais l'image du Père est désormais clichée.

C'est à ce héros persécuté que Georges Clemenceau ne cessera de s'identifier, à l'homme martyr de son idéal, et, jusqu'à la mort du vieillard en 1897, il ne réussira pas à « tuer le père », comme on dit aujourd'hui. Il en restera captif et se sentira coupable de n'être pas à sa hauteur.

De l'armistice à la Commune

Le voici donc à Paris où l'émeute gronde après la capitulation de Bazaine, et où les manifestants prennent d'assaut le Palais-Bourbon pour réclamer la déchéance de l'Empereur.

L'Hôtel de Ville, lieu traditionnel des révolutions parisiennes, est envahi par une foule qui réclame une « Commune » élue et s'insurge contre l'idée d'armistice. La République est proclamée. La Révolution est accomplie sans qu'une goutte de sang ait été versée. Un gouvernement de la Défense nationale est constitué, présidé par Trochu, gouverneur militaire de Paris. Gambetta est ministre de l'Intérieur. C'est la fameuse journée du 4 septembre 1870, fondatrice de la IIIe République.

Le gouvernement désigne Arago comme maire de Paris et celui-ci nomme un maire provisoire dans chacun des vingt arrondissements. Arago connaît Clemenceau. Il confie à son jeune ami le XVIIIe arrondissement, c'est-à-dire Montmartre, 130 000 habitants parmi les plus pauvres de la capitale, chassés du centre par les travaux d'Haussmann.

Le Sacré-Cœur n'est pas encore construit. On sait qu'il sera édifié par la majorité catholique en 1871, en expiation des péchés de la France.

Montmartre, délicieux village enfoui dans des buissons d'églantines, est, avec Belleville, le centre de l'agitation politique qui va culminer pendant la Commune. Clemenceau y déploie aussitôt une activité intense.

Comme Gambetta, maire de Belleville, il s'insurge contre l'armistice et juge qu'il faut combattre à outrance. Dans son quartier, il s'emploie à ravitailler les pauvres gens, il réquisitionne le bois et le charbon qu'une dame Debove-Marly s'obstine à vendre trop cher. Après la guerre, un procès lui sera intenté pour violation de domicile et préjudice moral et financier. Le tribunal estimera que « rien, si ce n'est le désir de donner satisfaction à quelques exigences populaires », n'avait autorisé Clemenceau à réquisitionner. Il sera condamné aux dommages et intérêts [5].

Des milliers de suppliques lui parviennent de gens en détresse qu'il s'efforce de soulager. Une jeune institutrice qui va devenir son amie, Louise Michel, travaille avec lui. Il fait afficher une lettre du gouvernement demandant à la population parisienne de donner des vêtements chauds à l'armée. Il soigne les malades, s'agite comme un diable. Coupé de sa famille il envoie à sa femme des lettres — en anglais — par ballon.

Gambetta s'est démené pour recruter des forces en province, les équiper, les encadrer. Mais elles ont échoué dans leur contre-offensive. C'est le moment où George Sand écrit : « Le peuple des campagnes aspire à la paix. Il n'est point en train de comprendre la gloire. Généralement, il blâme l'obstination que nous mettons à sauver l'honneur. »

Il ne sera point sauvé.

Paris, assiégé pendant quatre mois, réduit à la disette, succombe. L'armistice est signé. Des élections, voulues par Gambetta pour légitimer la jeune République fragile, ont lieu dans tout le pays. Clemenceau, qui n'a pas trente ans, est élu à Paris. Partout le mouvement en faveur de la paix a profité à la droite, mais la capitale a choisi essentiellement des révolutionnaires et des radicaux.

Les nouveaux députés sont convoqués, quatre jours plus tard, à Bordeaux.

Là se situe une scène que le jeune élu n'oubliera jamais. Thiers énumère devant l'Assemblée les conditions du traité de paix imposé par Bismarck : cession de l'Alsace sauf Belfort, cession d'une partie de la Lorraine, cinq milliards d'indemnité exigés, occupation partielle de Paris...

Un silence de mort tombe sur la salle. Va-t-elle ratifier ce traité ? Victor Hugo improvise un discours vibrant, rappelant l'héroïsme et les souffrances de Paris. On l'écoute à peine. 546 voix approuvent le traité. 146 votent contre. Alors s'élève la voix des représentants des provinces confisquées : « Nous sommes français et nous resterons français, même malgré vous. Nous attendrons que vous veniez nous arracher des mains de l'Allemagne. » Puis, d'un seul mouvement, ils se retirent. Gambetta et toute la gauche les accompagnent. Victor Hugo pleure. Clemenceau enrage, brisé d'émotion.

Retour à Paris après un bref crochet par la Vendée ; il retrouve Montmartre, la misère, la volonté très répandue dans la population de continuer la guerre, la haine envers l'Assemblée de Bordeaux — qui siégera désormais à Versailles —, les manifestations où l'on crie « Vive la Commune ! ». Une atmosphère de guerre civile. Clemenceau comprend, sans l'approuver, la révolte des Parisiens.

Une nouvelle scène va se dérouler, également inoubliable. Deux cent vingt-sept canons ont été achetés pendant le siège par souscription auprès des Parisiens. La garde nationale les a transportés à Montmartre et à Belleville pour les soustraire aux Allemands. Thiers, nouveau président du Conseil, soutenu par Jules Ferry, propose au gouvernement de les récupérer. L'opération est menée à l'aube du 18 mars 1871 par deux mille soldats. Ceux-ci s'emparent des canons de Montmartre, mais ils n'ont pas reçu à temps les attelages nécessaires pour les transporter. La foule se mêle aux soldats qui fraternisent avec elle. Le général Lecomte, qui commande l'expédition, donne l'ordre de tirer. On l'arrête et on le conduit au poste de police de la rue des Rosiers où Louise Michel est en train de soigner un blessé. Un autre général, Clément Thomas, hostile à la Commune, est reconnu par la foule, arrêté et transféré à son tour rue des Rosiers.

Clemenceau se trouve alors à la mairie où le rejoint en hâte le commandant Meyer, qui lui dit : « Si vous n'accourez pas, on va fusiller les généraux Lecomte et Thomas ! » Il ceint son écharpe, se précipite, arrive pour apprendre que les deux généraux ont été passés par les armes et pour voir emmener des officiers de ligne. Il s'interpose sans entrer dans le bâtiment, comprenant qu'il n'en sortirait pas vivant. Il apprend ce jour-là ce qu'est une foule déchaînée ; l'horreur qu'il éprouve pour les solutions violentes en sera à jamais exacerbée. Il réussit à sauver les officiers prisonniers.

« J'ai observé là, dira-t-il, le phénomène pathologique que l'on pourrait appeler le délire du sang. Un souffle de folie paraissait avoir passé sur cette foule... »

Avec les autres maires de Paris, il va s'employer désormais, de toutes ses forces, à faire cesser la guerre civile.

Il croit le compromis possible entre le pouvoir

de Versailles et les milices patriotiques de Paris. Il y travaille d'arrache-pied. Mais il prodigue en pure perte des gestes de modération. Suspects aux yeux des uns comme aux yeux des autres, les conciliateurs sont débordés. Versailles ne veut rien entendre, son obstination radicalise le mouvement des révolutionnaires. Et la Commune de Paris est proclamée le 28 mars, à l'Hôtel de Ville, dans la joie et la liesse.

Mais, bientôt, Thiers, qui préside le gouvernement de Versailles, lance l'armée, qu'il a reconstituée avec l'appui des Prussiens, à l'assaut de la capitale. Ce sera la « Semaine sanglante », les milliers d'arrestations, l'écrasement sans merci de la Commune.

Clemenceau assiste, impuissant, à l'épouvantable massacre.

Plus tard, il se battra pour que soit prononcée l'amnistie de tous les communards qu'il avait cependant désapprouvés.

Ce sera, en 1879, sa première grande bataille parlementaire, celle qui révélera son talent.

Parmi les condamnés à la déportation en Nouvelle-Calédonie se trouvait Louise Michel, avec laquelle il ne cessa de correspondre. Il s'occupera de sa mère. Elle lui écrit de Nouméa — « Cher citoyen Clemenceau » — pour lui recommander des enfants de déportés, pour le prier d'appuyer une demande de Légion d'honneur destinée à l'un de ses cousins, pour dire qu'elle ne veut en aucun cas bénéficier d'une mesure de faveur avant que l'amnistie générale ne soit prononcée, pour s'écrier enfin : « Quand auront-ils fini d'enbonapartiser le peuple, en supposant qu'il y ait encore un peuple ? J'espère bien que vous n'entrerez pas dans ces ministères-là. Que pourriez-vous faire dans ce cloaque ? Rien[6]. »

Les femmes et les curés

Il l'aimait bien, Louise Michel. Qui a dit que Clemenceau était misogyne ?

Il a écrit, c'est vrai, dans ses jeunes années, un embryon de traité pour réfuter Stuart Mill *(The Subjection of Women)* et tenter de prouver scientifiquement, à travers l'étude du sexe des fougères et des champignons, l'inaptitude des femmes à la politique. Inaptes pourquoi ? « Parce que c'est la force qui détermine l'action de ce monde, dira-t-il à Jean Martet, son chef de cabinet. La femme n'est pas la force. Elle est menée par qui veut s'en donner la peine. Chez nous, elle est menée par le curé[7]. »

Jules Ferry disait la même chose en d'autres termes : « Celui qui tient la femme tient le mari. C'est pour cela que l'Église veut retenir la femme, et c'est aussi pour cela qu'il faut que la démocratie la lui enlève[8]. »

C'est cette conviction, le poids des curés sur l'esprit du beau sexe, qui trouvera toujours Clemenceau braqué contre le vote des femmes : « Qu'on lui donne dans la vie domestique tous les droits, toutes les garanties qu'on voudra contre l'homme dont la vie de travail et de lutte fait trois fois sur quatre une brute. Mais, dans la vie politique, il faut d'autres qualités.

« — Vous m'accorderez, objecte Martet, qu'il y a tout de même des femmes qui ont du sens, du jugement...

« — Il y en a, mon ami, c'est évident. Combien ?

« — Et combien d'hommes[9] ? »

Là, il approuvait. Non, certes, il ne fut jamais féministe, le père Clemenceau, mais les premières femmes qui occupèrent son cœur, sinon le reste — Hortense, Mary, son épouse — durent bien être pour quelque chose dans l'opinion où il tenait l'espèce. Ce qui ne l'empêchera jamais de rechercher éperdument la compagnie des femmes. Et de la trouver souvent. Ce qui ne l'empêchera pas de déclarer qu'il fallait décorer Paul Poiret, le couturier. « La femme libérée ! Non seulement du corset, abominable objet de torture, mais aussi, et c'est l'essentiel, de toute l'hypocrisie qui abîme cet être délicieux mais dont les hommes ont, au cours de trois mille ans, saccagé le naturel, la spontanéité, la véracité, l'individualisme, le courage sportif. J'espère que la femme du XXe siècle s'émancipera de notre tutelle [10] ! »

La vérité oblige cependant à dire que le grand discours républicain sur l'égalité des sexes, ce n'est pas à lui qu'on le doit, mais à Jules Ferry lorsqu'il fit entrer les filles à l'école, au grand scandale de la bourgeoisie catholique. « Vous acceptez ce que j'appellerai non pas votre servitude, mais, pour prendre un mot très juste qui est celui de M. Stuart Mill, vous acceptez cet assujettissement de la femme qui se fonde sur son infériorité intellectuelle, et on vous l'a tant répété, et vous l'avez tant entendu dire que vous avez fini par le croire. Lisez du moins M. Stuart Mill. Il vous apprendra que vous avez les mêmes facultés que les hommes. Les hommes disent le contraire mais, en vérité, comment le savent-ils ? C'est une chose qui me surpasse (...). Apprenez qu'il est impossible de dire des femmes, êtres complexes, subtils, délicats, pleins de transformations et d'imprévu, de dire : elles sont ceci ou cela ; il est impossible de dire, dans l'état actuel de leur éducation, qu'elles ne seront pas autre chose quand on les élèvera différemment. Par conséquent, dans l'ignorance où nous sommes des véritables aptitudes de la femme, nous n'avons pas le droit de la mutiler [11]. »

On notera seulement que Clemenceau a applaudi, bien qu'il détestât Jules Ferry.

Mais n'anticipons pas.

La guerre aux opportunistes

Il y aura d'abord quelques années durant lesquelles le député de Montmartre se consacrera à ses administrés et à ses électeurs, qui n'auront qu'à se louer de lui. À ses malades aussi, pour lesquels il a fondé un modeste dispensaire près de sa mairie. Là, et dans ses courses à travers les pires quartiers de la Butte, il va côtoyer toute la détresse humaine, il va voir « ces ruches empestées où s'entassent, sous les miasmes de tous les détritus, tant de familles ouvrières qui ne quittent les germes de mort de l'atelier que pour l'infection de l'affreux logis [12] ».

Il sera successivement secrétaire général, vice-président, puis président du Conseil municipal, réélu député de Paris en 1876, mais il n'a pas encore d'envergure nationale. Le grand homme de la gauche républicaine, c'est Gambetta. L'autre, c'est Jules Ferry, séparé de Clemenceau par un fleuve de sang : celui-ci ne lui pardonnera jamais l'épisode des canons ; Ferry ne lui pardonnera jamais d'avoir préconisé l'élection d'une commune de Paris. Rancune tenace, haine réciproque qui aura des conséquences infinies pour l'un comme pour l'autre.

Gambetta est, comme Ferry, un « opportuniste », c'est-à-dire un républicain modéré, persuadé que l'on ne peut pas aller plus vite que la musique et qu'il faut introduire des réformes à petits pas, au moment « opportun ». Il rêve d'un parlementarisme à l'anglaise où tout le monde sera d'accord sur le régime, où les notables comprendront que la République qu'il veut créer ne sera pas « rouge ».

Clemenceau, lui, veut cravacher. Il méprise les atermoiements de Gambetta. Il craint que des progrès timides vers une meilleure démocratie empêchent, en fait, de la fonder. Les programmes des Opportunistes et des Radicaux se ressemblent fort ; c'est le rythme de leur réalisation qui les distingue.

Dans celui de Clemenceau figurent en particulier l'amnistie totale, la suppression du président de la République et du Sénat, l'élection des maires, la séparation des Églises et de l'État, la liberté de la presse, de réunion et d'association, la révision de l'impôt au bénéfice de l'amélioration du sort du plus grand nombre, l'institution de l'impôt sur le revenu, l'instruction primaire obligatoire, gratuite et laïque, le service militaire égal pour tous, la suppression de la peine de mort, la réduction de la journée de travail, la création d'une caisse de retraite pour les vieillards et les accidentés du travail.

D'abord Clemenceau travaille avec Gambetta. Puis il s'impatiente : « On discutaillait dans le vide. Il y avait autant d'avis que de délégués, et personne ne persuadait personne... J'ai passé ma vie à faire de la politique avec des gens qui ne savaient pas ce qu'ils voulaient », dit-il plus tard à Jean Martet.

Notons en passant que Gambetta est francmaçon, ce que Clemenceau, nonobstant une idée reçue, ne sera jamais. Bien trop indépendant.

Gambetta voit dans l'attitude du jeune Clemenceau une « gaminerie ». Mais le gamin va rompre avec Gambetta — pour rompre, il sera toujours très fort — et tenter de créer sur sa gauche un petit groupe qui sera dénommé radical-socialiste. Bientôt, il accusera Gambetta, devenu président de la Chambre, d'exercer un pouvoir personnel au détriment de l'esprit républicain.

Pour Clemenceau, la Révolution française a initié le processus d'émancipation morale et politique des Français. Est venu le moment d'une seconde révolution, non violente, dans le cadre de la République, qui libère l'individu dans le domaine économique et social. Avec les radicaux, il souhaite réguler le capitalisme et casser la féodalité financière.

Au cours d'un débat houleux à la Chambre, Gambetta s'écrie, pathétique : « Nous nous sommes débarrassés de nos adversaires, il nous reste à nous gouverner nous-mêmes, à lutter contre les incessantes causes de division qui nous assiègent, à dépouiller le personnalisme pour ne voir que le pays. »

Roupie de sansonnet aux oreilles de Clemenceau ! Ce jour-là, il mêle son bulletin de vote à ceux d'hommes qu'il déteste ou méprise. Gambetta tombe. Peu de temps après, ce dernier se blesse mortellement en nettoyant une arme. Clemenceau l'apprend alors qu'il est en train de jouer avec ses petites-filles, se précipite au chevet du tribun. Et là, on le verra pleurer comme un enfant.

C'est le débat sur l'amnistie, on l'a dit, qui l'a mis en lumière en 1878. À la tribune de la Chambre, il a été étincelant.

On notera ici que cet homme qui fut l'un des plus grands orateurs de la République, avec ses phrases courtes, incisives, ironiques, son éloquence heurtée, sans rapport avec la rhétorique habituelle, cet homme redouté et redoutable a dû attendre l'âge de soixante-cinq ans pour être ministre. Il faut dire qu'il n'aura cessé de se tirer à lui-même le tapis sous le pied.

Faut-il, comme certains psychanalystes l'ont écrit, y voir une conduite d'échec ? Une façon de se punir de n'être pas digne de son père [13] ?

Toujours est-il que par son comportement, par les inimitiés implacables qu'il se crée d'un mot, par ses emportements, par son esprit de vindicte, il ne va pas se faciliter la tâche.

On verra plus loin ce que furent ces vingt années où il mérita le nom de « tombeur de ministères ». Il les abattait comme on déboise. Restons un instant au début des années 80 où son étoile monte au ciel du Parlement et où il va créer son premier journal, *la Justice*. Son père a vendu une ferme pour lui fournir les fonds nécessaires.

Le deuxième Clemenceau va se déployer.

Un journal romantique

Un chef politique doit avoir ou contrôler un journal. C'est alors un impératif absolu. Il ne s'agit pas d'influencer les masses à travers des organes à grand tirage comme *le Petit Parisien, le Matin, le Petit Journal*, mais d'influencer les influents. Chacun a sa feuille : Gambetta, Jules Grévy, alors président de la République... Clemenceau va donc réunir quelques souscripteurs, parmi lesquels Camille Pelletan, polémiste acerbe et dessinateur enragé, qui sera son rédacteur en chef.

La rédaction du journal — un quotidien —

s'installe 10, rue du Faubourg-Montmartre, dans des locaux miteux, éclairés au gaz. Une fine équipe de jeunes gens tout dévoués entourent le patron. Parmi eux, fidèle entre les fidèles, Gustave Geffroy, qui initiera Clemenceau à la peinture moderne et donnera au journal des critiques d'art de haute volée. Clemenceau fera aussi une place à l'un de ses frères, Albert, jeune avocat. Tout ce petit monde turbulent, familier, bouillonne de talent et de verve. Le journal devient bientôt le quartier général d'une extrême gauche romantique.

Le patron n'a pas le temps d'écrire dans son journal, d'ailleurs il peine pour écrire, mais il donne des indications, définit la ligne politique, lâche des entrefilets au vitriol qui lui font chaque jour un ennemi de plus.

Il entretient alors une liaison avec une belle chanteuse wagnérienne, Rosa Caron, et on le voit arriver au journal le soir, entre onze heures et minuit, sortant de l'Opéra, « très chic, en habit et cravate blanche, avec cet air à la blague que connaissent ses familiers (...). Le patron est de bonne humeur, on va rigoler », disait alors Geffroy[14].

On sait peu de chose sur cette liaison. Clemenceau fut toujours un homme secret sur sa vie intime. Mais il semble qu'elle fut durable et se prolongea en amitié. Quand il acheta, beaucoup plus tard, une maison de campagne, Rosa Caron y fut la première conduite pour la visiter, au grand dam des sœurs de Clemenceau, furieuses.

Quand il ne sort pas de l'Opéra, Clemenceau sort de la Comédie-Française — il aura aussi une liaison avec une actrice de la maison, Suzanne Devoyod — ou de l'un de ces « salons » qui pullulent à Paris, où se rencontrent politiques, hommes de lettres, artistes, gens du monde, chacun ayant plus ou moins sa couleur politique.

Il y a le salon de Mme Ménard Dorian (qui inspira à Proust le personnage de Mme Verdurin) où l'on voit encore Victor Hugo, très âgé ; le salon Greffulhe, où l'on est pro-allemand ; celui de Juliette Adam, où trône Gambetta ; celui de Mme de Loynes, où l'on couvera un certain général Boulanger ; celui de Mme Charpentier, où fréquentent Flaubert, Alphonse Daudet, Zola, Renoir ; celui de Mme Arman de Caillavet, l'égérie d'Anatole France, où se croiseront Proust, Tristan Bernard, Colette, Léon Blum. Chaque salon a son hôtesse qui se pique de tenir un rôle dans le jeu politique et qui en a parfois, de susciter des rencontres fécondes, de faire et défaire les élections à l'Académie française.

Ici et là, Clemenceau, qu'un journaliste, Émile Buré, a baptisé le « Tigre », brille de toutes ses griffes. La princesse Mathilde, fille de Jérôme

Bonaparte, chérie des frères Goncourt, meurt d'envie de l'inviter, mais n'ose pas...

Mme Clemenceau ? Elle est à la maison avec les enfants.

La Justice a acquis alors ce pour quoi on l'a créée : de l'influence. C'est le porte-voix de Clemenceau hors de la Chambre. Tout irait bien si le journal n'avait pas besoin d'argent pour survivre.

Entre alors en scène un personnage extraordinaire à tous les sens du mot, qui va jouer un rôle funeste dans le destin de Clemenceau et le conduire jusqu'au scandale où sa première carrière politique va s'engloutir.

Il se nomme Cornelius Herz. Il a occupé une telle place dans la vie politique française qu'il mérite assurément quelques pages.

2

Une fripouille finie

Qui est donc ce Herz sur lequel tant de mystères planent encore ? Un fieffé coquin.

Né à Besançon de parents juifs bavarois, artisans modestes émigrés ensuite aux États-Unis où ils deviendront américains, Cornelius Herz est d'abord médecin. Il a été, un temps, étudiant à Heidelberg. À vingt ans, on le trouve en France, interne à Bicêtre, puis dans divers établissements hospitaliers. Brun, trapu, l'œil vif, il parle plusieurs langues, il est dynamique, enthousiaste, bon vivant, il exsude la joie de vivre... et se livre, ici et là, à quelques indélicatesses.

Quand éclate la guerre de 70, il s'engage, opère dans un régiment de ligne, devient médecin aide-major à l'armée de la Loire.

Puis, quelque peu démuni, il rentre aux États-Unis. Titulaire d'un diplôme américain, il exerce son art et épouse la fille, prospère, d'un Mr Louis Saroni qu'il a opéré avec succès. Il s'était déjà marié en France ? Religieusement seulement ; il avait escamoté le mariage civil. Et puis la jeune femme a eu le bon esprit de mourir. Rien ne s'oppose donc à ce qu'il devienne le gendre de Mr Saroni.

Il s'installe avec son épouse à San Francisco, y devient très populaire, est bientôt introduit dans les milieux d'affaires. Il participe à des spéculations importantes, à des montages financiers juteux — son beau-père le tient pour un financier génial —, bref, se fait un magot et repart en France au moment où ses méthodes commencent à écorner sa réputation.

Il est très compétent en matière d'électricité, la fée qui sort de l'enfance. L'un des premiers, il a compris les mutations qu'elle entraînera. Or, il arrive à Paris en 1878 au moment où va s'ouvrir l'Exposition universelle et où il n'est questions que d'électricité. La ville, éclairée au gaz, est encore très réticente. Il est vrai que le gaz coûte six fois moins cher que l'énergie nouvelle. Mais les grandes affaires d'électricité commencent à se monter, et Herz y pénètre. Il sera directement présent dans le capital de diverses entreprises. Mac Mahon le fait chevalier de la Légion d'honneur à titre étranger « en reconnaissance des services rendus à l'administration » — on ne sait au juste lesquels. Il laissera toujours croire que le ruban rouge est venu récompenser des états de service militaires.

C'est une personnalité parisienne qui dispose d'un réseau de relations déjà considérable et mène grand train lorsqu'il rencontre Clemenceau, lequel cherche alors de l'argent pour *la Justice*. Herz va se faire un plaisir de lui en apporter en lui achetant, en 1883, la moitié de ses parts.

La bombe est en place qui pétera un jour à la figure de Clemenceau, quand éclatera le scandale de Panamá.

On sait que le Tigre était impulsif, souvent irréfléchi, qu'il manquait de jugement sur les hommes. Dans l'ensemble, comme plus tard de Gaulle, il les méprisait tous, hormis son petit groupe de fidèles, et encore... Il n'a pas soupçonné un instant quel homme était Herz, devenu l'un de ses familiers. On les voit ensemble au théâtre, au restaurant. Il l'appelle affectueusement « ma vieille corneille ». Mieux : à la veille d'un voyage à Marseille où sévissait le choléra, il laisse une lettre : « En cas de décès, je veux que mes enfants soient élevés par M. Herz. » Plus tard, il dira : « Cornelius Herz était une fripouille finie. Malheureusement, ça n'était pas écrit sur le bout de son nez. »

Il n'était pas le seul à avoir succombé au pouvoir de séduction de ce drôle d'Américain rayonnant de vie et d'intelligence. Herz avait introduit en France les méthodes du lobbysme, technique de pression sur la représentation parlementaire : en échange de bienfaits divers — argent, prébendes, financement d'une campagne électorale —, on obtient le vote de telle ou telle disposition législative favorable à une banque, à un groupe industriel, à un promoteur, une corporation. On « arrose » un ministre et on obtient un marché de fournitures militaires, par exemple. Herz en a fait un système, et ça marche. Ça galope, même.

Rien ne permet de dire que Clemenceau ait jamais bénéficié des générosités de Herz à d'autres fins que d'alimenter son journal. Et même, tout permet de dire le contraire. Il fut toujours intègre, jusque dans les périodes où il manqua cruellement d'argent. On sait seulement que son frère Paul, ingénieur, qui a fait une belle carrière d'homme d'affaires dans les entreprises d'explosifs — au point qu'on le tenait, en 1936, pour l'un des deux cents Français les plus riches —, doit une part de sa réussite sociale et de sa fortune à Herz. Mais les deux frères n'étaient pas en excellents termes.

En tout cas, aucune trace de corruption n'a jamais pu être relevée à l'encontre de Clemenceau. C'est l'affaire de *la Justice* qui lui fut fatale, même s'il put exciper qu'il avait ensuite racheté ses parts à Herz.

Un anticolonialisme farouche

Avant d'entrer plus avant dans le scandale de Panamá, voyons quel parcours a fait Clemenceau jusque-là, quelle est alors sa physionomie.

En 1881, à quarante ans, il a été réélu triomphalement à Paris. Gambetta est mort en 1882 sans avoir introduit aucune des grandes réformes dont il rêvait, bien qu'il ait mis beaucoup d'eau dans son vin. À la tête de son groupe d'extrême gauche, les radicaux, peu nombreux mais bruyants (les socialistes n'existent pas encore à la Chambre), Clemenceau a largement contribué à faire tomber son ministère. Puis celui de son successeur. Il rend les députés fous par ses interruptions, ses éclats, ses saillies.

C'est Jules Ferry qui est maintenant au pouvoir. Clemenceau le hait, on l'a dit, et Ferry le lui rend bien. Ce Vosgien austère, rugueux et froid, est à ses yeux le type même de l'« opportuniste ». Gambetta, au moins, avait de la grandeur. Le Tigre tient Jules Ferry pour un faux frère.

Il va d'abord l'attaquer durement sur son programme économique. Les années 80, on l'oublie souvent, ont été celles d'une crise profonde et durable. La deuxième révolution industrielle, celle qui va voir la mise en service de l'énergie électrique, le téléphone, l'utilisation plus large du pétrole, du nickel, du cuivre, du cobalt, est en marche, mais n'a pas encore porté ses fruits. Paris brille de tous ses feux dans le domaine de la création, mais Paris n'est pas la France, nation rurale de petits propriétaires où l'on s'affole de voir le blé affluer par tonnes d'Amérique, d'Argentine, à présent que les navires à vapeur ont supprimé les distances. La campagne est pauvre, très pauvre. Les vagabonds y pullulent. Le phylloxéra ravage la vigne. Quant aux grandes agglomérations industrielles, la misère ouvrière y est rude, les patrons sans vergogne. La France laborieuse souffre. Bientôt, d'ailleurs, les socialistes, persuadés que le capitalisme est à bout de souffle, croiront à l'imminence de la révolution.

Clemenceau a une vive conscience de cette situation qui engendre des grèves. Il interpelle Jules Ferry, lequel a envoyé des soldats contre des mineurs : « Toutes les forces sociales sont mises par vous au service du fort contre le faible. » Il contribuera à l'adoption de la loi sur les syndicats, bien qu'il l'estime insuffisante. Mais c'est sur un autre terrain qu'il va « se faire » Jules Ferry : celui des colonies.

C'est le temps du grand partage du monde entre les hommes blancs. Ferry est un colonialiste convaincu. Le premier, il a prononcé le mot d'*empire*. Au pouvoir, il a agi énergiquement à Tunis, à Madagascar, en Afrique noire où Savorgnan de Brazza, commissaire de la République, jalonne de postes les vallées menant à la mer. Il a fait voter des crédits destinés à poursuivre la construction de chemins de fer entre le Sénégal et le Niger.

Clemenceau, lui, est farouchement anticolonialiste. Aujourd'hui, on serait tenté de porter cette attitude à son crédit, après qu'elle fut longtemps portée à son débit. En son temps, elle était encore partagée par les milieux d'affaires, longtemps méfiants, et les parlementaires de droite.

Sans doute son anticolonialisme repose-t-il essentiellement sur l'idée que la France ne pouvait se permettre de dilapider ses forces et ses finances dans des aventures lointaines, au lieu d'assurer sa propre sécurité face à l'Allemagne de Bismarck. Mais son aversion a d'autres causes, qu'il a exprimées dans un discours célèbre. À propos du Tonkin où des troubles ont éclaté, où le gouvernement a envoyé 35 000 hommes et où Ferry parle de « la mission civilisatrice de la France », il réplique :

> Non, il n'y a pas de droit de nations dites supérieures contre les nations inférieures ; il y a la lutte pour la vie, qui est une nécessité fatale, qu'à mesure que nous nous élevons dans la civilisation nous devons contenir dans les limi-

tes de la justice et du droit ; mais n'essayons pas de revêtir la violence du nom hypocrite de civilisation ; ne parlons pas de droit, de devoir ! La conquête que vous préconisez, c'est l'abus pur et simple de la force que donne la civilisation scientifique sur les civilisations rudimentaires pour s'approprier l'homme, le torturer, en extraire toute la force qui est en lui au profit du prétendu civilisateur. Ce n'est pas le droit : c'en est la négation. Parler à ce propos de civilisation, c'est joindre à la violence l'hypocrisie [15] !

Il ne variera jamais contre le colonialisme : « On commence par des missionnaires, on continue par des militaires, on finit par des banquiers », résume-t-il pour le stigmatiser.

Sur la foi d'une dépêche, la Chambre croit qu'un désastre militaire s'est produit au Tonkin. Elle refuse au gouvernement les crédits qu'il demande. Le cabinet Ferry est renversé. Le jeu de massacre continue. Ferry était pourtant habile manœuvrier, il savait louvoyer, composer. « Mais il avait adopté des airs de dédain qui rappelaient les manières de Guizot. Les succès parlementaires avaient déterminé en lui ce phénomène fréquent chez les hommes restés longtemps au pouvoir : le mal de l'infaillibilité [16]. »

La presse baptise Clemenceau le « tombeur de ministères », et le peuple baptise Ferry le « Tonkinois » en le huant dans la rue. Il devra quitter le Palais-Bourbon par une porte dérobée.

Il y avait de bonnes raisons politiques à cet acharnement de Clemenceau. Mais il apparaît bien que, chaque fois qu'il se dresse contre l'Autorité, il règle un compte avec son père. Il n'acceptera jamais aucune subordination, aucune conciliation, aucune concession. Il s'insurge et frappe.

Tout le monde s'attend alors que Jules Grévy, président de la République, confie à Clemenceau le soin de former un nouveau ministère. Mais Jules Ferry s'y oppose. Il s'opposera même à ce que son « tombeur » soit ministre. Toujours la haine. Ce personnage, qu'il juge irresponsable, l'insupporte. Clemenceau ne sera pas en reste : en 1887, il empêchera Jules Ferry d'accéder à la présidence de la République.

Entre-temps, aux élections de 1885, Clemenceau s'est présenté dans le Var. Pourquoi le Var ? Sans doute à cause d'amitiés locales, de la propension varoise à voter de plus en plus à gauche, alors qu'à Paris le candidat se serait peut-être trouvé en difficulté. Aussi parce que à l'occasion de l'épidémie de choléra qui a ravagé le Midi en 1884, il a voyagé dans la région et s'est acquis auprès des populations la réputation d'un homme courageux et compétent. Bref, il est élu, bien élu, et, avec lui, 383 républicains face à 203 conservateurs.

Ces républicains, qui sont en reflux, ne forment pas un bloc homogène, mais une juxtaposition de groupes mobiles, fluctuants. À l'intérieur de leur regroupement, plusieurs majorités sont possibles. Les partis structurés, au sens où on l'entend aujourd'hui, n'existent pas encore. Clemenceau est toujours à la tête de son noyau radical. Avec 60 députés, il peut faire et défaire les majorités.

C'est le moment où il va s'enticher d'une baudruche, cette fois : le général Boulanger.

Quel malheur d'avoir un gendre !

« Un bicorne sur un pieu », dira Zola.

Ernest Boulanger a fréquenté le lycée de Nantes en même temps que Clemenceau qui le tient pour un des rares généraux républicains. Le Tigre va exiger son entrée au gouvernement comme ministre de la Guerre. Il compte sur lui pour démocratiser l'armée.

Boulanger commence par faire peindre les guérites en bleu blanc rouge, il autorise les soldats à porter la barbe, améliore le rata, déplace des officiers royalistes, raye des cadres le duc d'Aumale qui fut son protecteur, et le fera même expulser du territoire français. Son républicanisme s'arrêtera là. En fait, le général est un fat ambitieux, qui porte beau, caracolant sur son cheval noir, avec un sens aigu de la mise en scène. Ses parades dans Paris le rendent vite populaire. Partout où il passe, on l'applaudit. Alors il se rengorge et dit : « Tout ça, c'est pour Bibi... »

Il a surgi dans le ciel politique au cœur d'une France nerveuse, lasse de l'instabilité ministérielle et des scandales de l'affairisme, comme l'homme fort dont le pays a périodiquement la nostalgie. « Les catholiques souffraient des lois laïques, les patriotes de l'isolement de la France, les propriétaires terriens de la baisse des prix agricoles, les intellectuels d'un matérialisme oppressant, la moyenne et la petite bourgeoisie de la crise économique, les industriels de la politique aveugle de la haute finance qui ne les soutenait pas, les commerçants de la concurrence étrangère, les ouvriers du machinisme et de l'égoïsme implacable du patronat [17]... »

Tout le monde rêve alors de revanche : sur les Allemands pour les uns, sur la bourgeoisie pour les autres.

Devenu député du Nord, Boulanger va atteindre les sommets de la popularité dans l'ambiguïté en paraissant porter les espoirs des uns et des autres. Lors du défilé du 14 juillet 1886, il est longuement acclamé par une foule en délire.

Un nouveau scandale apporte de l'eau à son moulin : l'affaire dite « des décorations ». On découvre que Daniel Wilson, gendre du président de la République Jules Grévy, installé à l'Élysée, a vendu des Légions d'honneur. Au président du BHV, à celui des magasins du Louvre, à d'autres encore. Bien qu'il soit immensément riche, il trafique de tout, épaulé par un bataillon de huit secrétaires. Sa sœur Marguerite, avec laquelle il entretient des rapports incestueux, est la maîtresse du président Grévy.

L'affaire fait un vacarme énorme. La France chante « *Ah ! quel malheur d'avoir un gendre !* » Clemenceau veut contraindre Grévy à démissionner. Grévy lui propose la présidence du Conseil. Il refuse si l'autre ne démissionne pas. Grévy s'accroche. Quand il finit par s'en aller, déconsidéré mais enrichi, Jules Ferry semble le candidat naturel à l'Élysée. D'après les votes indicatifs, il a la majorité des parlementaires pour lui. Mais le « Tonkinois » est fortement impopulaire à Paris. De violentes manifestations éclatent contre lui, où l'on retrouve Louise Michel cherchant à entraîner la foule à l'assaut de la Chambre. Clemenceau persuade ses collègues que si Ferry l'emporte, ce sera la guerre civile. Mais alors qui ?

« Votons pour le plus bête », dit-il. Et il emporte l'adhésion. Ce sera Sadi Carnot, qui ne mérite d'ailleurs pas l'épithète.

Une semaine plus tard, Jules Ferry sera grièvement blessé par un exalté. Il ne se remettra jamais de ses blessures.

C'est dans ce climat de turbulences que Daniel Wilson, poursuivi, est acquitté au prétexte que, n'ayant pas le pouvoir d'accorder la Légion d'honneur, il ne pouvait pas la vendre ! Ce qui finit d'écœurer l'opinion publique. Boulanger est alors à son zénith. Clemenceau, qui a ouvert les yeux sur le personnage et la nature plébiscitaire de ses visées, l'a laissé tomber, mais le général n'a plus besoin de lui.

On ne s'étendra pas sur la suite et fin du parcours accompli par le fringant militaire, sur son élection triomphale à Paris, sa dérobade devant le coup d'État qui lui assurerait le pouvoir, sa fuite en Belgique où il se suicida sur la tombe de sa maîtresse. D'où l'épitaphe de Clemenceau : « Il est mort comme il a vécu, en sous-lieutenant. »

Tout de même, la République avait eu chaud.

Panamá : le scandale

À la même époque commence l'affaire de Panamá. Elle est trop longue et trop complexe pour qu'on ne se borne pas ici à situer comment s'y inscrit Clemenceau.

En bref : Panamá, c'est le canal que Ferdinand

de Lesseps, enivré par le succès de Suez, a décidé de creuser entre les deux Amériques. Entreprise gigantesque. Lesseps est devenu mégalomane, ses devis sont fantaisistes, ses prévisions fausses, ses études incomplètes. Bientôt le financement fait défaut, les travaux doivent être suspendus. C'est la ruine des petits porteurs d'actions.

La Compagnie de Panamá, soutenue en particulier par le baron de Reinach, grand nom de la haute banque française, veut obtenir alors l'autorisation de lancer un emprunt à lots pour se renflouer. Il faut l'accord de la Chambre. L'affaire échoue une première fois : le gouvernement est renversé. La Compagnie revient à la charge. Et c'est alors que Cornelius Herz entre en scène. Il propose de mettre son savoir-faire au service de Panamá pour obtenir le vote de l'autorisation demandée.

Qu'est devenu notre Herz pendant toutes ces années ? Une puissance.

L'Exposition internationale d'électricité qui s'est tenue à Paris en 1887 lui a donné le coup d'envoi. Grévy l'a fait officier de la Légion d'honneur. Aux États-Unis, il a intrigué ou soudoyé pour figurer parmi les membres de la délégation américaine au Congrès international qui accompagne l'Exposition, délégation qui réunit quatre universitaires prestigieux et lui-même. Clemenceau sera toujours persuadé qu'il jouit de la recommandation du secrétaire d'État Blaine.

Désormais promu ingénieur électricien, Herz escalade encore deux échelons dans la Légion d'honneur : Jules Ferry le fera commandeur.

Dans le même temps démarre le téléphone, nouveau festin industriel. Herz s'y introduit.

Quand la Chambre vote la nationalisation des réseaux de la Compagnie de téléphone, une société se crée, la SIT, qui va vendre à l'État les matériaux nécessaires pour assurer le développement de ses centraux. La SIT deviendra la CIT, puis la CIT Alcatel, aujourd'hui un énorme groupe industriel.

Herz est partout. Parfois, il est pris à partie par la presse, accusé d'être un agent de Bismarck — ce qu'il n'a manifestement jamais été. Mais il a largement financé les élections législatives des uns et des autres en 1885. Où l'on voit que notre époque n'a rien inventé... Seulement, c'était plus simple alors : nul besoin de fausses factures, les comptabilités ne sont pas vérifiées. Herz distribue des chèques. Son réseau d'influences est solide. Il va le mettre au service de Panamá et passe convention en ce sens avec le baron de Reinach.

« Au service », qu'est-ce que cela signifie ? Que, moyennant un premier versement de 10 millions — 200 millions de francs actuels —, il se fait fort d'acheter un nombre suffisant de parlementaires pour que l'autorisation d'emprunt soit adoptée. Et puis, bien sûr, il arrosera la presse pour qu'elle soutienne l'emprunt.

La nature exacte des relations entre Herz et le baron de Reinach est restée mystérieuse.

Par quels moyens le premier a-t-il pu prendre une telle emprise sur le second et le soumettre au chantage qui le conduira au suicide, ce n'est pas clair. Certains historiens suggèrent que Herz aurait passé avec Reinach une convention verbale aux termes de laquelle toutes les sommes reçues par lui pour conduire son opération lui resteraient acquises, quel qu'en soit le résultat.

D'où, quand l'affaire aura une première fois échoué, le chantage de Herz menaçant de tout révéler si son « dû » ne lui est pas payé. Il écrit à un ami commun : « Votre ami [Reinach] cherche à tricher. Il faut qu'il paie ou saute, ses amis sauteront avec lui. Je briserai tout plutôt que d'être volé d'un centime [18]. »

Les manœuvres continuent pour que l'emprunt à lots, qui peut seul sauver Panamá, soit voté. Chacun a conscience que s'il est encore une fois rejeté, ce sera la fin de l'aventure du canal.

Et il est voté. Le système Herz a fonctionné.

Mais c'est un échec. La Bourse s'est orientée depuis peu vers les emprunts russes et ne s'est pas mobilisée. Le jour de l'émission, une dépêche annonce la mort de Ferdinand de Lesseps

— qui n'est pas mort du tout — et contribue à détourner les investisseurs. L'origine de cette dépêche n'a pas été élucidée.

Après le succès spectaculaire de l'emprunt russe, une seconde souscription est lancée en faveur de Panamá. Nouvel échec. Cette fois, c'est la débâcle. Des centaines de petits porteurs sont ruinés. Certains se suicident.

Reinach, toujours harcelé de réclamations par Herz, se démène, à la recherche d'un nouveau montage financier pour que les travaux suspendus à Panamá soient repris.

C'est alors que, pour une raison jamais éclaircie, Herz se met à confesser à un journal de l'opposition, la feuille antisémite d'Édouard Drumont, *la Libre Parole*, quelques-unes des turpitudes qui ont entouré l'emprunt. Que cherche-t-il ? Probablement à effrayer Reinach pour que le banquier continue à répondre à ses exigences.

Toujours est-il que l'article de *la Libre Parole* intitulé « Les dessous de Panamá » attache le grelot. L'affaire devient scandale. Cette fois, le chantier de Panamá ne pourra plus être ranimé. Il échappera à la France. Plus tard, ce sont les Américains qui le reprendront.

Des listes de députés corrompus commencent à circuler. Herz en communique copie à Clemenceau et à un ami de celui-ci, l'ancien préfet de police Andrieux, que Clemenceau pousse à davantage d'investigations afin de pouvoir porter un rude coup aux Opportunistes, nombreux à être compromis.

Un curieux personnage, cet Andrieux, qui, ayant fait un enfant naturel à une jeune femme, a attribué au petit garçon les nom et prénom de l'un de ses subordonnés, commissaire de police. De quel état civil s'agit-il ? Louis Aragon. Mais ceci est une autre histoire...

Donc, persécuté par Herz, Reinach, affolé, se suicide — ou on le suicide, l'énigm subsiste. Herz s'enfuit en Angleterre. On a dit que Clemenceau l'y avait aidé. On sait en tout cas qu'il a obtenu pour lui un prêt assez considérable d'une ancienne actrice, Léonie Leblanc, qui a été ou qui est encore sa maîtresse [19]. Les raisons de ce prêt demeurent obscures.

La Chambre vote le principe d'une commission d'enquête de trente-trois membres. Andrieux va voir Herz à Londres et en revient avec la photographie d'une liste de « chéquards ». Et le débat commence à la Chambre.

Il sera rude pour Clemenceau.

C'est Paul Déroulède, le député poète, qui interpelle le gouvernement. Parlant de Herz, il s'écrie : « Qui a donc introduit, patronné, nationalisé en France cet étranger ? (...) Il y a fallu un Français, un Français puissant, influent, audacieux, qui fut tout ensemble son client et son protégé, son introducteur et son soutien (...) pour qu'il pût frayer d'égal à égal, de pair à compagnon, tantôt avec les ministres, tantôt avec les directeurs de journaux, tantôt même, je le sais, avec le général Boulanger.

« Or ce complaisant, ce dévoué, cet infatigable intermédiaire, si actif et si dangereux, vous le connaissez tous, son nom est sur toutes vos lèvres ; mais pas un de vous pourtant ne le nommerait, car il est trois choses en lui que vous redoutez : son épée, son pistolet, sa langue.

« Eh bien moi, je brave les trois et je le nomme : c'est M. Clemenceau ! »

Droit sur ses ergots, Clemenceau va se défendre. *La Justice* ? Il a racheté ses parts à Herz et le journal n'a jamais été sous influence, ses collaborateurs en témoignent. La Légion d'honneur ? Il n'y est pour rien.

Vient sa péroraison : « Que j'ai été traître à mon pays, traître à ma patrie, que, guidé, commandé par cette influence étrangère, assujetti, asservi par elle, j'ai cherché à nuire à mon pays, j'ai cherché à amener le désordre et la perturbation dans ma patrie ! Voilà l'accusation que vous avez portée à la tribune. J'ai répondu sur tous les autres points avec autant de calme et de sang-froid qu'il m'a été possible. À cette dernière accusation, il n'y a qu'une réponse à faire : Monsieur Déroulède, vous en avez menti ! »

Du coup, l'affaire se transporta sur le pré. (Clemenceau a disputé quarante-sept duels.) Mais, après un échange de six balles, aucun des adversaires n'est atteint, ce qui humilie vivement Clemenceau. Son prestige en est d'ailleurs diminué.

Il y aura une demande d'extradition de Herz. La Grande-Bretagne la refusera, les médecins anglais le déclarant intransportable, diagnostic confirmé par trois médecins français. Et l'on commencera d'insinuer que Herz était un espion anglais, tout comme Clemenceau, vendu à Londres.

À l'appui de cette thèse surgit un témoignage. Une série de lettres adressées par un haut fonctionnaire du Foreign Office à Austin, secrétaire d'ambassade à Paris, lettres accompagnées d'un bordereau sur papier timbré aux armes de la Grande-Bretagne, achetées par un directeur de journal, Ducret, et produites à la tribune par un député boulangiste, Millevoye.

Le bordereau récapitule les sommes versées en 1893-94 par le service secret de l'ambassade à différents individus et journaux. Clemenceau y figure pour 20 000 livres, Rochefort, le journaliste boulangiste, pour 3 600 livres.

Ce dernier nom suffirait à révéler le faux. Un

faux fabriqué et vendu par un certain Norton, qui s'est prétendu traducteur-juré à l'ambassade d'Angleterre. L'imposture est si manifeste que la Chambre, d'abord interloquée, se prend à rire. Mais Déroulède hurle quand Clemenceau veut répondre : « Parlez anglais ! Pas de conseils à la France, monsieur le conseiller de la reine d'Angleterre !

« — Je parlerai ! » lui signifie Clemenceau.

L'affaire se dégonfla. Plusieurs boulangistes, dont Maurice Barrès, interviennent pour désavouer l'incident qui ridiculise tout le groupe. Millevoye doit démissionner. Norton sera condamné à un an de prison et au franc symbolique de dommages et intérêts.

Mais tout cela n'est pas sans laisser de traces. Les torrents d'injures dont *le Petit Journal*, en particulier, abreuva Clemenceau, les prétendues preuves retenues contre lui, la boue remuée fournirent de puissantes munitions à ses adversaires quand il sollicita le renouvellement de son mandat de député dans le Var. Son image était gravement détériorée.

Une phrase dans le journal des Goncourt est caractéristique. Edmond écrit, après avoir vu Clemenceau sortir de la Chambre, riant et s'esclaffant à la suite de l'incident Millevoye : « Ah, le triomphe insolent de Clemenceau sortant de ces accusations fausses mais vraies au fond, indemne, pur, insoupçonnable !... Vraiment, la canaillerie a trop de chance sur la terre à cette heure[20]. » Dans toute la France, *le Petit Journal* répandit une affiche le représentant sur la scène de l'Opéra (allusion à sa liaison avec Rose Caron), dansant la gigue et manipulant des sacs d'or au son d'un orchestre conduit par un Anglais. Légende : « *Aoh yes !* »

Dans le Var, la presse locale se déchaîna. Partout où il apparaissait, Clemenceau était accueilli aux cris d'*Aoh yes !*, assortis de bordées d'injures ; sa voiture était lapidée ; le mur de l'impopularité se dressait devant lui, infracassable.

Alors, dans une petite commune du département où le maire lui avait fait bon accueil, Salernes, il prononça un discours devant quelques centaines d'auditeurs disposés à l'écouter. C'est le plus célèbre de ses discours. Celui où, exceptionnellement, il se livre et plaide pour lui. Document sur l'homme, sur l'époque, sur l'horreur du combat politique :

> Après une longue épreuve, je me présente devant vous (...). Contre moi, j'ai l'orgueil de dire que la meute a donné tout entière, d'une rage inouïe. Ce fut une belle chasse, longue et pourtant endiablée, où nul ne s'épargna, ni les valets ni les chiens. Il n'y manqua que l'hallali trop tôt sonné.

On réveilla tout, on fouilla ma vie, on n'épargna rien.
J'avais assassiné Lecomte et Clément Thomas. Le bureau de poste installé dans la maison que j'habite payait mon loyer.
Il y a quelques semaines encore, j'ai lu dans un journal que j'avais une loge à l'Opéra, que je dépensais 200 000 F par an, et que c'était le Budget qui payait tout cela (...).
Alors que ma vie est au grand jour et que je défie qu'on y trouve d'autre luxe qu'un cheval de selle dont la pension est de 5 F par jour pendant neuf mois, et une action de chasse qui ne me revient pas à 500 F...
J'avais fait obtenir un avancement inouï dans la Légion d'honneur à M. Cornelius Herz. Je l'avais aidé dans ses entreprises. Je défiai qu'on apportât une seule preuve à l'appui de ces dires, on n'a jamais essayé.
M. Cornelius Herz était un espion, et par conséquent j'étais son complice. De preuve ou de commencement de preuve, pas de trace.
J'avais extorqué à M. de Lesseps des sommes fantastiques. Cinq minutes de témoignage devant la cour d'assises, et, de l'aveu de M. de Lesseps, il restait de cela néant. À ce point qu'après tant d'accusations si diverses et si passionnées, mon nom n'est même pas prononcé dans le rapport de la commission d'enquête (...).
Et puis j'avais reçu des millions de M. Cornelius Herz. Était-ce trois, était-ce cinq ? On ne savait pas bien. Plutôt cinq que trois.

L'argent était-il entré dans la caisse du journal ? Je monte à la tribune, j'offre mes livres, ceux de mon journal. « On pense bien qu'ils sont en règle », répond naïvement l'accusateur.
Que me reste-t-il à établir ? Qu'il n'y a pas trace de ces millions dans ma vie. Rien n'est si facile. Quand j'ai connu M. Cornelius Herz, il n'était pas millionnaire. Quand il l'est devenu, la comptabilité du journal établit :
1) que *la Justice* est restée dans une situation précaire, à certains moments très difficiles ;
2) que j'ai contracté, pour la soutenir, des engagements personnels dont je n'ai pu encore me libérer et qui seraient lourds pour moi au jour de la liquidation.
Parlerai-je de ma situation personnelle ? J'ai réglé mes dettes de jeunesse par un emprunt chez un notaire de Nantes. On peut y aller voir, la dette subsiste encore. Où sont les millions ? J'ai marié ma fille sans dot. Où sont les millions ? Je suis installé depuis six ans dans mon domicile actuel. Le marchand de meubles et le tapissier ont été peu à peu réglés par acomptes. Je n'ai pas encore fini de les payer. Où sont les millions ?
Voici à quels aveux on réduit les serviteurs désintéressés de la République.
Que la honte de cette humiliation soit sur ceux qui l'ont rendue nécessaire !

Ce que disant, Clemenceau fut battu. C'était le 3 septembre 1893. Il allait avoir cinquante-deux ans. La traversée du désert commençait.

La corruption est de tous les temps, de tous les régimes. L'Ancien Régime était faisandé, la Révolution aussi, et le Second Empire, donc ! La République n'a pas répandu le mal, au contraire. Elle a donné naissance à une classe de fonctionnaires intègres, serviteurs dévoués de l'État...

Quant à la corruption des élus, elle a été rarissime, jusqu'à ce qu'au cours des dernières années, elle se propage à la faveur de la décentralisation. La non-réglementation du financement des partis politiques a fait le complément.

Il est indéniable que la morale publique s'est dégradée. Mais il y a longtemps que, de façon injuste, les Français sont sceptiques sur la vertu de leurs élus. C'est que le scandale de Panamá est demeuré inscrit dans la mémoire collective. « Tous pourris ! », le cri qui surgit à la moindre occasion, a là sa source nauséabonde.

Cependant, l'électeur est un animal curieux. En même temps qu'il retirait sa confiance à Georges Clemenceau, il la renouvelait, en 1893, à Daniel Wilson, le vendeur de Légions d'honneur, lequel fut systématiquement réélu en Indre-et-Loire jusqu'en 1902 !

Ainsi va la démocratie...

3

Sentimental cherche âme sœur

Donc, voici Clemenceau écarté des affaires et traîné dans la boue de la calomnie. Sa carrière brisée, semble-t-il, à jamais.

Où en est-il alors de sa vie privée ? Si flatteuses que soient ses liaisons dans le monde du théâtre, elles sont à l'époque courantes — qui n'a pas son actrice ? — et ne lui portent pas vraiment tort, même si l'on ricane parfois de cet homme si raide sur les principes, qui se conduit pour finir comme tout un chacun.

Son divorce, en revanche, sera mal reçu. Il se produit au bout d'une longue période d'infidélités que Mary a supportées avec la résignation d'usage.

Le couple Clemenceau a commencé à se détériorer vers 1878. Ils ont alors trois enfants, un garçon et deux filles. Ils habitent Paris, avenue Montaigne, puis rue Clément-Marot, un bel appartement de sept pièces ; ils ont une cuisinière et un valet, luxe courant à l'époque. Un domestique gagne environ 500 francs par an (10 000 francs d'aujourd'hui), et il n'y a pas de charges sociales.

Selon une amie intime de Mary qui en fit confidence à un journal de New York, « son mari était tout pour elle, elle connaissait la moindre de ses faiblesses ». Mais, en 1878, il est devenu irritable, déprimé, insomniaque. « Quand il ne dort pas, disait Mary, je sais qu'il a un discours à faire le lendemain. Si l'insomnie dure deux nuits, je suis sûre qu'il y a un grand débat à la Chambre, et si cela continue une nuit encore, je sais qu'un ministère va être renversé. »

Il serait excessif de dire que Clemenceau est dépressif. Mais il lui arrive de traverser de mauvaises périodes. 1878, c'est le moment où il commence à courir le jupon. Se sentirait-il coupable ? Pas impossible. Il y a du puritain dans cet homme-là, et beaucoup d'émotivité. C'est un grand sentimental qui cherche l'âme sœur. En outre, il est très « famille », voit fréquemment ses trois sœurs auxquelles il est très attaché, adore son plus jeune frère, Albert. Plus tard, il surveillera de près l'éducation de son petit-fils.

On a du tempérament, dans la famille. L'une de ses sœurs, Sophie, trouvant son mari couché avec la bonne, le tuera net d'un coup de revolver. Internée pendant six mois, elle sera relâchée, guérie des hommes pour l'éternité.

Toujours est-il que le mariage des Clemenceau va cahin-caha, et que Mary est toujours là, en 1892, quand ils marient leur fille aînée, Madeleine, en grande pompe.

Que s'est-il alors passé exactement ? Les versions varient. Selon la plus fiable, Mary a eu des faiblesses pour un jeune normalien qui donnait des répétitions à son fils. Alerté par l'une de ses filles, Clemenceau la fait suivre et surprendre en flagrant délit. Elle est conduite à la préfecture de police où le préfet lui déclare que si elle ne donne pas son consentement au divorce, elle sera incarcérée à la prison Saint-Lazare. (Certains affirment qu'elle y a passé quinze jours.) En tout cas, on la fait rembarquer pour les États-Unis, sans ses enfants, cela va de soi. Elle n'y est pas arrivée que le divorce est prononcé.

Si l'on en croit Georges Gatineau, le mari trompé brisa à coups de marteau un buste en marbre de la traîtresse et détruisit toutes ses photographies [21].

Horrible histoire, horrible orgueil.

Mary était de surcroît sans ressources. De quoi va-t-elle vivre ? À New York, elle fait des conférences sur les panamistes, annoncées par de grandes affiches où on lit : « Mary Plummer, ex-femme de Monsieur Clemenceau. »

Des années plus tard, en 1900, elle revint en France à la demande de ses enfants, un peu désaxée. Elle vécut seule avec des chats noirs sauvages qu'elle plongeait dans l'eau de son tub, et mourut à soixante-dix ans, en 1923... Clemenceau ne l'a jamais revue.

Plusieurs années après le divorce, Clemenceau voulut voir son vieil ami Arthur Scheurer Kestner, l'austère Alsacien, pour lui raconter sa version de l'affaire. Scheurer Kestner écrit dans ses mémoires qu'il en fut remué aux larmes et conclut « qu'il ne faut jamais croire aux rumeurs, s'agissant de querelles entre époux ».

Nous ne saurons jamais qui a été Mary Clemenceau. Une sotte, comme le suggèrent certains historiens ? Une douce créature victime d'un monstre d'orgueil ? Écartée de surcroît par le Père qui refusait de la recevoir à L'Aubraie parce qu'elle ne s'entendait pas avec l'une de ses belles-sœurs ? Une femme légère ? En tout cas, quatre faits sont là : le constat d'adultère, la menace, le départ précipité vers les États-Unis, le divorce.

Et l'on entendit dans les salons Clemenceau se réjouir d'avoir « emballé son Américaine ». Ce fut diversement apprécié.

Voilà, me dira-t-on, l'homme que vous prétendez aimer ? Je reconnais que cet épisode n'est pas glorieux. Mais que faire ? Il lui ressemble.

D'autres femmes ont traversé sa vie : Léonie Leblanc, comédienne qui avait été la maîtresse du duc d'Aumale, et Clemenceau s'amusait parce que les amis de la belle l'appelaient M. le Duc ; deux sociétaires du Français, Suzanne Reichenberg, délicieuse ingénue, et Suzanne Devoyod, piquante Célimène ; une certaine vicomtesse V. ; une comtesse d'Aunay, épouse d'un diplomate français avec lequel Clemenceau sera très lié. Dans les années 90, il passe tous les ans une dizaine de jours au château d'Aunay, dans la Nièvre. Il existe une copieuse correspondance, essentiellement politique entre les deux hommes. Malheureusement, les lettres échangées entre le Tigre et Mme d'Aunay, détenues par le musée Clemenceau, sont interdites à la consultation. On en tirera les conclusions que l'on voudra. Il y eut surtout, durablement, Rose Caron, déjà nommée, grande fille maigre et brune avec un beau tempérament de tragédienne et une voix d'or. Selon la rumeur, il songea même à l'épouser en 1908[22]. Il badina, pour le moins, avec Anna de Noailles.

Il eut un faible, évident, pour une belle féministe, Marguerite Durand, qui fonda le journal *la Fronde* pour « les droits de la femme ». Ce journal, dans lequel elle engloutit sa fortune, était surnommé « *le Temps* en jupons ». Il disparut en 1903. L'organe syndicaliste *la Voix du peuple* l'attaquait vigoureusement : « Mais qui a payé ? Ses bons amis Clemenceau et Viviani ont marché de dix-huit mille balles ! » On sait que les premières lettres de Clemenceau à Marguerite furent écrites alors qu'elle avait dix-neuf ans et qu'elle était pensionnaire à la Comédie-Française.

Difficile, néanmoins, de dater précisément l'entrée de telle ou telle dans son existence. On ne saurait dire en conséquence qui lui a tenu la main après son échec dans le Var, ni même s'il y eut une femme tendre et compréhensive pour la tenir. Mais on verra plus loin, quand une superbe créature le fera devenir chèvre, que le cœur du Tigre ne fut jamais las de s'affoler. « Toute ma vie, dira-t-il, j'ai été amoureux. »

Une force nouvelle

Quand il sort, vaincu, de l'arène politique, en 1893, qu'aura-t-il fait ? Énormément de bruit. Mais encore ?

Hors les lois de liberté qu'il a soutenues et fait soutenir (liberté d'association, liberté de la presse), de même que les grandes lois sur la laïcité et l'école dont Jules Ferry a été le maître-d'œuvre, Clemenceau a pris la tête du mouvement social en cette période de grèves ouvrières incessantes.

Autant il connaît bien le monde paysan à travers sa Vendée, autant il connaît mal le monde ouvrier, on le lui reprochera assez. Mais il sait l'horreur de sa condition. « Ce n'est plus comme au temps du cannibalisme, écrit-il. On ne tue plus l'homme d'un coup. On l'use. »

Au moment du fameux drame de Fourmies, en 1891, où l'armée va tirer, avec le nouveau fusil Lebel, sur la foule des ouvriers réunis pour célébrer la journée du 1er mai qui vient d'être lancée par l'Internationale socialiste, il fait un discours d'une lucidité remarquable :

> Messieurs, est-ce que vous n'êtes pas frappés de l'importance qu'a prise cette date du 1er mai ? N'avez-vous pas été frappés, en lisant les journaux, de voir cette multitude de dépêches, envoyées de tous les points de l'Europe et de l'Amérique, mentionnant ce qui s'était fait ou dit, le 1er mai, dans tous les centres ouvriers ?
> Il a éclaté aux yeux des moins clairvoyants que partout le monde des travailleurs était en émoi, que quelque chose de nouveau venait de surgir, qu'une force nouvelle et redoutable était apparue, dont les hommes politiques avaient désormais à tenir compte. C'est le Quatrième État, vous devez ou bien le recevoir par la violence, ou bien l'accueillir à bras ouverts [23].

Clemenceau n'était pas socialiste (on ne disait pas encore « marxiste »). Il ne l'a jamais été, il ne le sera jamais. Interrogé sur le collectivisme, il répond dès 1880 : « Je suis pour le développement intégral de l'individu. Quant à me prononcer sur l'appropriation collective du sol, du sous-sol, je réponds catégoriquement non ! non ! Je suis pour la liberté intégrale et je ne consentirai jamais à entrer dans les couvents et les casernes que vous entendez nous préparer[24] ! » Mais, à chaque grève, il marque de quel côté il se trouve, même s'il désapprouve toujours les violences et recherche l'apaisement.

Lors de la grande grève de Carmaux, en 1897, chez les mineurs du Tarn, quand il propose un arbitrage avec la direction, il fait partie des négociateurs choisis par les mineurs.

Cependant, quand il est battu dans le Var, en 1893, il est sur le point d'être débordé sur sa gauche. Trente-huit socialistes sont entrés la même année au Palais-Bourbon, dont six collectivistes emmenés par Jules Guesde. Le temps de Jaurès, converti depuis 1892 au socialisme, va commencer.

Que peut-on reprocher à Clemenceau pendant ces vingt années de vie politique ? Selon Scheurer Kestner, d'accord en cela avec Jaurès, d'avoir été contre-productif. Non seulement il a divisé les républicains, disent-ils, mais il l'a fait de telle sorte qu'il a imprégné leurs conflits d'une même haine que celle qui avait séparé les républicains des monarchistes. Ils soulignent aussi que le « tombeur des ministères » a beaucoup fait pour acclimater en France l'instabilité et la faiblesse des gouvernements face à la Chambre. Scheurer Kestner considère que Clemenceau n'a pas su distinguer entre l'opposition à l'Empire et l'opposition aux républicains, qu'il y a mis dans la seconde la haine et la passion que justifiait la première, qu'il a ainsi nui à la cause de la réforme qu'il voulait si passionnément voir mise en œuvre.

Jaurès lui reprochera aussi de s'être opposé à la politique coloniale. Sa principale erreur, dira-t-il.

Il fallait noter ici ce passif, ces griefs. Mais au moins a-t-il combattu sans jamais se soucier de savoir s'il ne se barrait pas ainsi la route du pouvoir, aucun président de la République ne se risquant à l'appeler au gouvernement, lui, l'intraitable Clemenceau, insupportable à ses collègues. Au moins est-il resté fidèle à lui-même, et peut-être aussi à l'image de son père héroïque et persécuté, dont il ne s'est toujours pas dégagé.

Sur le sable

En tout cas, pendant neuf ans, il va rester politiquement inoffensif, du moins au Parlement. Il est sur le sable.

Il vivait jusque-là de son indemnité parlementaire (9 000 francs par an, soit 180 000 francs d'aujourd'hui) et de son salaire à *la Justice*. Il écrit à un ami, bibliothécaire du Sénat : « J'ai été méconnu dans mon foyer, trahi dans mes amitiés, lâché dans mon parti, ignoré par mes électeurs, suspecté par mon pays. *La Justice* a fermé ses bureaux, mes créanciers assaillent ma porte. Je suis criblé de dettes et je n'ai plus rien, plus rien [25]. »

Selon l'un de ses biographes, il aurait alors songé au suicide. C'est peu vraisemblable, mais il est vrai qu'il touche le fond.

Son père vit toujours, en Vendée, mais il semble qu'ils aient eu des discussions tendues. Peut-être lui a-t-il demandé de l'argent. En tout cas, il n'en a pas tiré de réconfort.

Ses ennemis sévissent toujours et *le Petit Journal* continue de l'insulter. Détail piquant : le propriétaire, Ernest Judet, qui l'accusait d'être vendu aux Anglais, a été presque toute sa vie, y compris pendant la guerre de 14-18, payé par les Allemands [26] !

Reprendre la médecine ? On ne se refait pas une clientèle à cinquante-deux ans. Et puis, il n'en a aucune envie, bien qu'il se soit toujours tenu au courant. Sa planche de salut sera le journalisme : une façon de garder du pouvoir.

Les imprimeurs lui font encore crédit, les marchands de papier aussi. *La Justice* va déménager dans des locaux plus humbles, changer de formule, passant de 10 à 15 centimes, et Clemenceau va s'astreindre à y écrire tous les jours.

Les rapports qu'il entretient avec l'écriture sont curieux. Autant il parle bien, avec des phrases sèches, percutantes, autant il écrit médiocrement, dans un style lourd et parfois ampoulé, plusieurs de ses livres en témoignent. Poincaré, qui le détestait, dira de lui : « Il a mis toute sa lourdeur dans son style, toute sa légèreté dans sa vie. »

Mais, dès qu'il écrit pour un journal, la vivacité lui revient. Une chance ! Il va en vivre pendant toute sa traversée du désert, et continuera d'écrire tous les jours jusqu'au 15 novembre 1917, dans ses propres journaux (après *la Justice*, ce sera *l'Aurore*, puis *le Bloc*) et dans d'autres feuilles et revues capables de le bien payer : *la Dépêche de Toulouse, le Journal, le Français, l'Écho de Paris, l'Illustration* — soit en tout près de mille cinq cents articles.

Le 3 octobre 1893, le premier numéro de la nouvelle *Justice* paraît. Le titre de l'éditorial est un programme en soi : « En avant ! »

Il a entamé une nouvelle vie, non sans mélancolie.

Le dandy assagi

À cinquante-deux ans, la calvitie le menace, il a pris un peu d'embonpoint, il fume beaucoup. Le matin, il monte au Bois, ou bien il va marcher avec ses deux chiens. Il vit seul rue Franklin, servi par un couple, dans l'ancien appartement de Robert de Montesquiou, trois pièces que prolonge un jardin rempli de roses et de tulipes. Il est fou de fleurs. Il a aussi fait installer un poulailler, et, quand il veut plaire, il fait porter des œufs coque aux belles dames, accompagnés d'un madrigal. Ainsi écrit-il à Anna de Noailles :

> *De bons œufs à la coque*
> *Voici belle coquette*
> *Étant un très bon coq*
> *Puis-je être la mouillette ?*

Réponse inconnue...

Il a dû vendre l'essentiel de sa collection de peinture cadeau de ses amis, divers objets d'art, et n'a conservé que ses *kogos*, ces boîtes à encens japonaises dont il raffole.

Il se lève le matin vers quatre heures. Allume le feu qu'on lui a préparé. Réchauffe une soupe à l'oignon, s'emmitoufle dans sa robe de chambre. Et se met au travail. Entre son éditorial pour *la Justice* — dimanches compris — et ses diverses collaborations, il n'a pas le temps de chômer.

Il a changé ses habitudes. Le dandy, si tant est qu'il le fût jamais, comme on le lui a reproché, s'est assagi. Ses ressources sont devenues modestes. Il brille toujours dans le salon des Ménard Dorian, mais il a pris ses distances avec le monde politique. Il fréquente désormais essentiellement les milieux littéraires et artistiques, s'oriente vers une vie de cabinet de travail, de conversations, de lectures.

Il combat ou ignore les écrivains de droite, Barrès, Claudel, déteste Anatole France, mais on le voit au grenier des Goncourt (il fera un grand discours au banquet réuni pour saluer la rosette d'Edmond de Goncourt, c'est Geffroy qui a arrangé cela pour le remettre en selle). Il rencontre souvent Alphonse Daudet, Octave Mirbeau, Zola, bien sûr, il fait amitié avec Mallarmé qui lui écrit à propos d'un article : « Vous enseignez, en négligeant de le dire, spirituellement, aux gens de métier ou tels, qu'un homme, d'abord trempé de vie jusqu'aux vibrations les plus fines, est le lettré par excellence et avec miracle chaque fois, simplement qu'il s'exprime : varié, puissant et aigu, maître de la vision comme des mots. Je vous presse ferventement la main[27]. »

Clemenceau inaugure, nous dit Léon Daudet, « une correspondance tantôt sentimentale, tantôt brutalement sexuelle avec deux anciennes maîtresses ». Il n'en existe malheureusement pas trace.

Il fait éditer un recueil d'articles, *la Mêlée sociale*. Une histoire des religions et des malheurs qu'elles ont provoqués, *le Grand Pan*, épais ouvrage d'érudition. Un roman, *les Plus Forts*, publié en feuilleton par *l'Illustration*, et mal accueilli. Selon Léon Daudet, « on s'attendait à quelque chose de plus cinglant, de plus direct. En outre, son style fut trouvé pataud, submergé de génitifs abstraits et d'épithètes en cascade[28] ». Pour Barrès, « rien ne manque à Clemenceau pour exceller dans la littérature, que d'avoir quelque chose à dire ». Bref, le roman n'est pas son talent. Il se lance dans une pièce, *le Voile du bonheur*, jouée par Gémier, accompagnée d'une musique de Gabriel Fauré. Elle déconcerte.

Mais voici qu'une passion amoureuse comme il n'en a jamais connu va servir d'exutoire à son énergie.

L'objet de cette passion est une jeune fille américaine — décidément, il est abonné —, blonde aux yeux vert d'eau, d'une rare beauté. Elle se nomme Selma Everdone, elle habite Paris avec sa mère. Elle est élève de Rodin. Courtisée par tous à cause de son charme, de sa beauté, de sa gentillesse, elle n'appartient à personne. Elle aime en cachette un jeune officier bavarois.

Sa plastique est célèbre depuis qu'un peintre allemand, Siegfried Helmuth, a fait d'elle un portrait grandeur nature en naïade, où l'on voit ses seins ronds, son ventre bombé, ses longues jambes à peine dissimulées par une grande cape noire. Ce tableau se trouve dans la chambre de Selma, dissimulé par un rideau rouge qu'elle écarte pour ses intimes, puis laisse vivement tomber.

Clemenceau tombe fou de la jeune fille.

Selma lui raconte qu'elle a posé pour Rodin et il rugit de jalousie. Rodin, ce satyre ! Il lui fait une cour pressante, enflammée. Un soir, il l'invite au théâtre, lui glisse au doigt une bague qu'il vient d'acheter rue de la Paix. Elle l'accepte avec grâce. Elle accepte tout mais ne donne rien, sinon ses sourires, son rire... C'est qu'il l'amuse, son vieil amoureux, et dans le salon où reçoit la mère de Selma, place des Vosges, il est l'invité le plus recherché. Sarah Bernhardt lui réclame des anecdotes, sa verve est toujours étincelante. Selma l'admire, mais elle lui échappe comme une anguille, et cette résistance exaspère la passion de Clemenceau.

Enfin, elle consent à le suivre à Carlsbad où il fait sa cure annuelle, mais elle n'habite pas le même hôtel que lui, et elle est derechef entourée d'une cour d'admirateurs.

Un soir, il réussit à lui arracher un tête-à-tête, dans une hôtellerie proche de Carlsbad. Il se fait pressant, l'étreint, l'embrasse. Elle se laisse faire, mais avec une mélancolie si manifeste, un regard si triste qu'il prend brusquement conscience de la vérité. Elle en aime un autre. Elle ne l'aimera jamais. Et, soudain, il est dégrisé.

Mais c'est bien le même qui, à quatre-vingt-deux ans, tombera amoureux avec un cœur de jeune homme de Marguerite Baldensperger.

Entre-temps, il aura heureusement connu d'autres douceurs, notamment celles d'une grande amitié partagée. Avec un homme, cette fois : le peintre Claude Monet.

4

Le jardin magique

Les deux hommes ont le même âge. Ils se sont connus très jeunes, alors que, sous le Second Empire, Clemenceau achevait ses études de médecine à Paris et menait une joyeuse vie de turbulent carabin. Opposant au régime, il a même réussi à se faire mettre en prison pour quelques jours et à créer un journal, *le Travail*, rapidement interdit par la censure impériale, où écrivait le jeune Zola.

C'est au quartier Latin qu'il rencontre Monet, encore inconnu, dans l'un de ces cafés que fréquentent les rapins. Les deux jeunes gens sympathisent. Puis Clemenceau part pour les États-Unis, fait ensuite carrière d'homme public, tandis que Monet devient le premier d'entre les Impressionnistes.

Il a grande allure, Monet. Ses camarades de l'atelier Gleyre l'ont baptisé le Dandy, parce qu'il n'a pas le sou mais porte des chemises à poignets de dentelle. Il a le meilleur tailleur de Paris et répond, quand celui-ci présente sa facture : « Monsieur, si vous insistez, je vous retire ma clientèle... » À une élève qui lui fait des avances, il dit : « Excusez-moi, mais je ne couche qu'avec des duchesses ou avec des bonnes. Le juste milieu me donne la nausée. L'idéal serait une bonne de duchesse. »

Pendant un temps, il va partager un atelier avec Renoir et ils vivront l'un et l'autre de l'exécution de portraits dont Monet, avec ses manières de seigneur, a le génie de décrocher la commande parmi les petits commerçants. Mais qu'il est long, le temps de la débine...

Dans les années 90, c'est le fidèle Gustave Geffroy, le critique d'art de *la Justice*, qui va renouer les liens entre Clemenceau et Monet. Ils ont alors l'un et l'autre la cinquantaine. Monet est « un fort gaillard vêtu d'un tricot, coiffé d'un béret, la barbe en broussaille que le tabac teinte de jaune autour des lèvres. Peu de voix, peu de gestes. Des yeux à demi clos comme si, en vous regardant, il eût constamment cherché à décomposer votre couleur. Une allure calme et imposante de vieux marin habitué à regarder la tempête en face et à n'en point tirer de littérature[29]. » Il s'est retiré à Giverny où il a créé un jardin magique.

Geffroy s'est engagé à fond dans la défense de

ceux, boudés, vilipendés, décriés, que l'on appelle les Impressionnistes à cause d'une toile de Monet précisément intitulée *Impressions*. C'est un homme fin, sensible, de haute qualité, dont l'attachement à Clemenceau restera sans failles.

Geffroy entraîne un jour le Tigre à Giverny où Monet est en train de peindre un champ de coquelicots avec quatre chevalets sur lesquels il donne vivement des coups de brosse à mesure que marche le soleil. Éblouissement. Retrouvailles. Le contact est vite rétabli. Pas encore l'intimité.

Mais l'épisode se situe au moment où Clemenceau est devenu plus disponible. Il revient souvent. Dans l'un des numéros de la nouvelle *Justice*, il s'essaie à la critique d'art à propos de la série de toiles de Monet intitulée *les Cathédrales de Rouen*, exposée en 1895 chez Durand-Ruel. L'article, où il éreinte ceux qui rejettent l'art contemporain, est magistral.

Clemenceau a tout compris des recherches de Monet, de son génie, « ultime perfection d'art jusqu'ici non atteinte », comme il avait tout compris, dix ans plus tôt, du génie de Manet. En 1885, il a même giflé un gros homme qui, lors d'une exposition, avait projeté un crachat sur l'*Olympia*. Un duel s'ensuivit où il écorcha le rustre, et « une fête folle comme seul un atelier de Montmartre en connaît la splendeur consacra mon exploit », racontera-t-il plus tard. Édouard Manet fera de lui deux beaux portraits.

Les relations avec Monet se resserrent encore. Clemenceau vient régulièrement à Giverny. Monet lui offre un tableau, *le Bloc*. Dans la lettre où il le remercie, Clemenceau écrit : « Vous taillez des morceaux de l'azur pour les jeter à la tête des gens. Il n'y aurait rien de si bête que de vous dire merci. On ne remercie pas le rayon de soleil. Je vous embrasse de tout mon cœur. »

Clemenceau admire rarement. Mais, quand il admire, l'affection va généralement de pair.

De son côté, il va devenir de plus en plus précieux à Monet. Il s'efforce de le défendre contre lui-même, toujours en proie au doute, à un méchant sentiment d'impuissance face à l'incomblable distance entre la toile et sa propre recherche. Clemenceau l'exhorte, discute. « Il avait pris depuis longtemps, écrit-il, la redoutable habitude de lacérer à coups de racloir, de déchirer à coups de pied les morceaux qui ne lui donnaient pas satisfaction. De ébauches de panneaux, dans son atelier, nous offrent encore les blessures distribuées en des accès de fureur où il ne s'épargnait à lui-même aucune injure. »

Clemenceau sauve un autoportrait du massacre.

Entre ces deux hommes emportés, irréductibles, les relations devraient être difficiles. Mais non. Elles ne sont que plaisir de part et d'autre, peut-être parce qu'ils se respectent et s'admirent l'un l'autre, conscients de n'être pas tout à fait des humains ordinaires. On y reviendra.

Pour l'heure, nous avons laissé Clemenceau éjecté de la politique, mué en journaliste vigoureux et redouté. C'était en 1893. En 1894, on a découvert dans la corbeille à papiers de l'attaché militaire allemand à Paris un bordereau contenant la promesse d'envoyer des renseignements sur un nouveau modèle de frein destiné au canon de 90. Le bordereau est attribué à un officier d'état-major juif, qui passe en conseil de guerre, à huis clos. Il est condamné à la dégradation et à la déportation. Il se nomme Albert Dreyfus.

Bien qu'il soit opposé à la peine de mort, Clemenceau écrit dans *la Justice* : « Si, dans l'échelle des châtiments, la peine de mort est l'ultime degré, il me semble qu'elle doit être réservée pour le plus grand crime qui est, à n'en pas douter, la trahison. »

Jaurès s'est élevé contre la condamnation de Dreyfus, qu'il a trouvée trop légère. Justice de classe, à ses yeux, puisque, dans le même temps, un soldat a été condamné à mort pour avoir giflé un supérieur.

Pendant trois ans, la France va couver dans un

quasi-silence ce qu'on appellera l'Affaire Dreyfus. Celle-ci entrera dans la vie de Clemenceau au bon moment : celui où Selma Everdone en est sortie. Il vient d'abandonner *la Justice* agonisante pour entrer comme simple rédacteur à *l'Aurore*.

L'affaire commence

On rappellera ici succinctement les faits. Dreyfus est à l'île du Diable. On a raconté que, lors de son procès, des « pièces secrètes » avaient été produites, qui ne furent pas communiquées à la défense. Or, quand il est nommé à la direction du service de renseignement, le colonel Picquart étudie les pièces du procès. Et que découvre-t-il ? Que ces fameuses « pièces secrètes » sont insignifiantes. Qu'en revanche, l'écriture du bordereau ressemble singulièrement à celle d'un officier de fâcheuse réputation et criblé de dettes, Esterhazy.

Picquart sera démis de ses fonctions. Mais, grâce à lui, le frère de Dreyfus, Matthieu, a convaincu un jeune écrivain, Bernard Lazare, de l'innocence du « traître », et l'a chargé de réunir les pièces pour la démontrer. Lazare s'y emploie avec ferveur. Il sera le premier des intellectuels — le mot date de l'époque — à s'engager pour Dreyfus.

Clemenceau rencontre alors un vieil ami, Ranc, et raconte ainsi la suite :

Il prononça le nom de Bernard Lazare...
— Ah, celui-là, m'écriai-je, tous nous aimons son talent, mais nous avons exigé de lui qu'il nous laissât tranquilles avec son affaire Dreyfus !
— Quoi ! me dit Ranc. Vous ne savez donc pas que Dreyfus est innocent ?
— Qu'est-ce que vous me dites là ?
— La vérité, Scheurer Kestner a des preuves. Allez le voir, il vous les montrera.
— S'il en est ainsi, m'écriai-je, c'est le plus grand crime du siècle !
Deux jours plus tard, je voyais Scheurer qui me faisait comparer le fac-similé du bordereau avec l'écriture d'Esterhazy...

Cette visite eut lieu le 1er novembre 1897. Le premier article « révisionniste » de Clemenceau parut le lendemain.

Deux mois et demi après, Esterhazy passait en conseil de guerre. Il était acquitté.

C'est alors que l'Affaire prit son envol dans un déchaînement de passions maintes fois décrit.

Zola aussi a vu Lazare, il a vu Scheurer Kestner, il a comparé les écritures. Et il en a perdu le sommeil. Il est admirable, en cet instant, l'écrivain célèbre, le plus célèbre de tous, riche, comblé, qui ne rêve que d'être élu à l'Académie française et qui n'en va pas moins tout mettre en jeu, sa tranquillité, sa réputation, la fidélité de ses lecteurs. Dans un premier article publié par *le Figaro*, il a pris la défense de Scheurer Kestner, qui vient de se mobiliser, au Sénat, pour le soutien de Dreyfus, et qui est devenu pour une large fraction de la presse un « Prussien », un « boche », un « agent du syndicat juif ». Dans un second article, Zola dénonce l'antisémitisme qui sue de partout.

Après l'acquittement d'Esterhazy, le directeur du *Figaro* demande à Zola de prendre du champ. Trop de désabonnements, trop de protestations véhémentes de la part des lecteurs.

Alors, sa « Lettre ouverte au Président de la République » qui lui est « sortie comme un cri », Zola l'apporte à Clemenceau. Après de longues hésitations, le Tigre a été convaincu par Picquart de l'innocence de Dreyfus. Il accueille le texte de Zola. En bon journaliste, il le débaptise et l'appelle « J'accuse ! ». C'est sous ce titre qu'il deviendra illustre.

L'Aurore tire ce jour-là à 300 000 exemplaires. Le texte, quarante feuillets, qui dénonce nommément les officiers mêlés au procès, est terrible.

Le ministre de la Guerre porte plainte contre Zola et contre le gérant de *l'Aurore*. Le procès s'ouvre le 7 février 1898 en cour d'assises. Zola est défendu par Me Labori, le gérant de *l'Aurore* par Albert Clemenceau, mais aussi par Clemenceau lui-même qui a obtenu l'autorisation de plaider. Il réclame devant la cour la révision du procès Dreyfus.

La haine qui entoure alors les dreyfusards n'est pas descriptible. Le fameux Millevoy, dont nous avons déjà parlé, aura même l'idée de produire une pièce gardée, selon lui, dans le secret des états-majors, et ainsi libellée : « Je demande que cette canaille de Dreyfus nous livre le plus tôt possible les pièces qu'il a promises. Signé : Guillaume [30]. » Il n'en est pas à un faux pas près.

Zola est insulté : l'Italien, le pornographe, le traître, le Juif. Des menaces de mort sont proférées à l'égard des jurés qui finissent, intimidés, par condamner les deux inculpés au maximum : un an de prison pour Zola, quatre mois pour Perrenx, gérant de *l'Aurore*, et 3 000 francs d'amende. Le jugement est cassé pour vice de forme. Un second procès a lieu, qui confirmera la condamnation. Mais Labori a persuadé Zola de fuir la France où il est en danger.

L'écrivain se résigne à quitter sa femme, son chien, ses pantoufles, et à se réfugier à Londres. Il y restera un an, infiniment malheureux, ne parlant pas un mot d'anglais.

Pour finir, la loi d'amnistie de décembre 1900 effacera sa condamnation.

Clemenceau, de son côté, volant de duels en

insultes, continue à livrer combat. De 1894 à 1901, il aura consacré 665 articles à l'Affaire.

On sait qu'elle se poursuivit par un coup de théâtre : le suicide du colonel Henry, auteur d'un faux où l'attaché militaire Schwartzkoppen était censé avoir écrit : « Je dirai que jamais j'avais de relations avec ce Juif. » Le gouvernement se trouva dans l'obligation d'ordonner la révision.

C'est alors le procès de Rennes où les juges militaires, impavides, condamnent de nouveau Dreyfus avec « des circonstances atténuantes », à dix ans de prison et à la dégradation.

Et le problème se pose aux dreyfusards : faut-il continuer la lutte pour arracher la réhabilitation, ou obtenir du nouveau président de la République, Émile Loubet, la grâce du condamné ?

Matthieu Dreyfus supplie que l'on obtienne la grâce, tant il a vu son frère épuisé, brisé, se traînant à peine. Clemenceau et Jaurès s'opposent à lui. « Après avoir soulevé tout un peuple pour la Justice, dit Clemenceau, il est immoral de l'inviter à retourner chez lui avec la grâce d'un individu. »

Les réunions se succèdent. Clemenceau est impitoyable : « Vous sacrifiez la cause de tous les opprimés à un intérêt particulier. »

Finalement, tous, sauf lui, se rallient au principe de la grâce. Alors Clemenceau lance à Matthieu : « Vous avez la majorité », mais comme Matthieu rejette cette idée, il finit par concéder : « Eh bien, si j'étais le frère, j'accepterais ! »

Loubet signa le décret de grâce le 19 septembre 1899. Le même jour mourait le très honorable Auguste Scheurer Kestner, qui avait eu tant de courage, lui aussi. C'est seulement en 1906 que sera prononcée la réhabilitation de Dreyfus pour laquelle Clemenceau n'aura cessé de militer.

Ses adversaires lui reprocheront d'avoir usé de l'Affaire comme marchepied. Anatole France insinuera même qu'il a touché « de l'argent juif » pour défendre Dreyfus, mais en ajoutant : « Combien d'intellectuels n'a-t-il pas conquis en leur insufflant sa frénésie de courage et d'orgueil ! » Jean-Denis Bredin écrira de nos jours : « Si Dreyfus devait beaucoup à Clemenceau, Clemenceau devait beaucoup à Dreyfus. »

Ceci est indéniable. Il a été remis en selle alors qu'on le tenait pour perdu de réputation. *Aoh yes !*

Un examen de conscience

Entre-temps, il quitte *l'Aurore* où il reviendra en 1903 pour fonder un nouveau journal, un hebdomadaire nommé *le Bloc*. Titre où l'on peut déchiffrer une triple allusion à l'un de ses mots célèbres, « La Révolution est un bloc », à la toile que lui a donnée Monet, et au bloc des gauches.

On ne compte pas les républicains modérés qu'il a épouvantés, les écartant de lui, lorsqu'il s'est récrié un jour de janvier 1891 à la Chambre : « La Révolution est un bloc ! » Le prétexte était dérisoire. Une pièce de théâtre de l'auteur à la mode, Victorien Sardou, intitulée *les Incorruptibles*, dénonciation de la Terreur.

Il y eut des manifestations dans la salle, celle de la Comédie-Française. Le ministre de l'Intérieur suspendit les représentations. Le gouvernement fut interpellé. Clemenceau vola, une fois n'est pas coutume, à son secours et à celui de Robespierre. Non, il n'acceptait pas que l'on découpe la Révolution en tranches, qu'on l'épluche, que l'on approuve 89 et que l'on renie 93, que l'on célèbre Danton et que l'on condamne Robespierre.

« La Révolution est un bloc », lança-t-il, et la formule le suivra toute sa vie. La Chambre approuva. On vit donc, ce jour-là, fait inouï, Clemenceau souscrire à la censure. La pièce de Sardou fut retirée de l'affiche.

Nul doute que l'ombre gigantesque de Benjamin a pesé lourd sur l'intervention fracassante de son fils. Et que Clemenceau a mis quelque provocation dans le titre de son nouveau journal.

Donc, entre 1901 et 1902, *le Bloc* comptera soixante numéros intégralement rédigés, ou presque, de la main de Clemenceau. Il n'a pas de quoi se payer des collaborateurs.

Il écrit à Geffroy : « Connaissez-vous un artiste de génie représentant la scène parisienne qui lui plaira ? Il n'est pas nécessaire qu'il ait un texte. Mais le génie est indispensable — ainsi que le prix doux. » Geffroy trouva : ce fut Steinlein, qui dessina le frontispice du *Bloc*, un vieillard misérable appuyé contre un mur surmonté par l'inscription : « R.F. Égalité, Fraternité ».

De son côté, Geffroy donne une chronique de temps à autre.

Dans l'éditorial du n° 1, Clemenceau se livre à une sorte d'examen de conscience :

> De toutes les forces de mon intelligence, je m'applique à comprendre ce qui se passe. J'ai été longtemps engagé dans les luttes de parti. J'ose dire que je n'en ai point recueilli d'avantages, et je suis tout prêt à croire, comme on prend parfois la peine de me le dire, que le profit en a été médiocre pour les idées que j'ai tenté de servir. [Mais] l'homme en possession de l'énergie de vivre ne doit voir dans l'épreuve qu'une source d'action nouvelle.

Il écrit sur la politique intérieure, étrangère, néglige l'économie, traite l'actualité littéraire, théâtrale — il salue Ibsen et Maeterlinck —, artistique. De surcroît, il continue à collaborer à *la Dépêche de Toulouse*. Il est inépuisable.

Son crâne est chauve, sa moustache a blanchi, il est devenu, selon ses propres termes, « gros, asthmatique, urémique, arythmique ». Il a dû cesser de fumer, il fait tous les matins de la gymnastique avec un professeur, parce que « sans ça, on devient gâteux ».

Mais la vie et la gloire sont devant lui.

Le quatrième pouvoir

Avant d'aller plus loin, un constat : l'Affaire Dreyfus a révélé pour la première fois la puissance de la presse dont la liberté est relativement récente (1881).

Exploitant l'irrationnel plus que l'information, les journaux ont alors joué de toutes les cordes sensibles : l'indignation contre les traîtres et les espions, l'antisémitisme, la défense sentimentale de l'armée, la haine d'un Parlement corrompu. Pour ou contre Dreyfus, ils ont constitué une force révolutionnaire, obligeant le gouvernement, la Chambre, les grands corps de l'État à prendre parti. Les articles de Jaurès et de Clemenceau ont eu plus d'influence que quelque intervention parlementaire que ce soit.

Républicaine, ou antirépublicaine et catholique, la presse, qui compte alors une centaine de titres à Paris, a saisi les consciences et les a mobilisées.

Quand la bataille pour la séparation de l'Église et de l'État commencera et que les catholiques s'y lanceront, le Père Lecanuet, l'un des assomptionnistes qui ont fait de *la Croix* un grand quotidien, écrira : « Il est désolant que l'Église ait compris si tard l'importance considérable de la presse à notre époque. Mieux eût valu fonder des journaux que bâtir des cathédrales ou des couvents. »

Il s'agit bien, selon l'expression de Carlyle, du « quatrième pouvoir ».

Aujourd'hui, sa nature a été modifiée par l'existence de la télévision, du moins en ce qui concerne l'influence du « quatrième pouvoir » sur les masses. La presse écrite n'en est plus le détenteur privilégié. Une émission peut faire ou défaire un homme plus sûrement qu'un bouquet d'articles. Mais le retentissement de certains articles, de certaines informations, contraint la télévision à s'en faire l'écho. C'est un jeu à trois bandes qui se joue.

L'imprimé demeure donc un redoutable véhicule d'influence sur les puissants, et ce sont seulement les conditions économiques qui interdisent aux hommes publics d'avoir « leur » journal. Chacun cherche alors à maintenir des relations particulières avec un organe établi pour s'en assurer le soutien et disposer, le cas échéant, d'une tribune. D'autres publient des « lettres d'information » dont le contenu est repris, pour l'essentiel, par le reste de la presse.

C'est probablement ce que ferait Clemenceau aujourd'hui. Et nul doute que *le Monde* lui offrirait sa tribune.

Détenteur en son temps du « quatrième pouvoir », le Tigre en a usé dans toute l'étendue de son talent.

Mais, pour l'heure, il va rentrer ses griffes.

5

L'État n'a ni âme ni entrailles

Son père est mort en 1897. Depuis lors, il a changé. Comme si quelque chose s'était en lui décrispé, comme s'il n'avait plus de héros à égaler.

Quand un siège de sénateur se libère dans le Var et qu'une conjuration de Varois se forme pour le persuader d'y être candidat, il commence par les envoyer paître. Il ne cède pas davantage aux instances de sa fille Madeleine, de son frère Albert, de son ami Geffroy. Mais son éditeur Pierre Stock, s'en mêle. Il le voit arriver, « comme toujours, le chapeau sur l'oreille, la canne en l'air, le pommeau dans la poche de son paletot, suivi de son bouledogue ». Et le sermonne[31]. Il lui fait valoir que *le Bloc* va s'effondrer, faute d'argent, que *la Dépêche de Toulouse* lui retirera sa collaboration s'il ne compte plus parmi les personnalités de premier plan, et que l'indemnité d'un sénateur (9 000 francs par an) n'est pas négligeable.

Il a jadis condamné le Sénat ? Erreur de jeunesse. Une délégation de Varois monte à Paris pour le presser à nouveau d'accepter. Et il cède. Le voici élu haut la main.

Dès lors, des groupes de jeunes députés le poussent à une rentrée active dans la vie parlementaire. Même son de cloche parmi les intellectuels : Péguy, Anatole France, qui le jugent désigné pour devenir président du Conseil. De son côté, Jaurès salue son retour : « C'est une joie pour tous les républicains, pour tous les démocrates, de voir rentrer dans l'action immédiate l'homme qui, assailli par tant de haines, avait opposé à l'orage une fermeté invincible et un infatigable labeur, et avait agrandi son idéal de justice sociale [32]. »

Trois ans plus tard, il sera ministre de l'Intérieur. L'année suivante, président du Conseil. Il a soixante-six ans. Le pouvoir, qu'il n'a jamais véritablement convoité — on pourrait presque dire qu'il a tout fait pour y échapper — est à lui.

Au début de ces trois années, dans le climat feutré du Sénat, il se montre presque sage, discret, silencieux, se gardant de ses fameuses interruptions. Huit mois après son élection, il n'a pas encore pris la parole devant la Haute Assemblée. En novembre 1903, il prononce un grand discours sur un sujet majeur : la liberté de l'enseignement secondaire. Il l'exige. Il est opposé, de toute sa conscience, au monopole de l'État en matière d'enseignement que défendent beaucoup de radicaux et, bien sûr, les socialistes.

« Je refuse, dit-il, l'omnipotence de l'État laïque ; parce que j'y vois une tyrannie. » Et il déclare, sous les rires du Sénat, à un député radical partisan du monopole : « Vous nous proposez de transférer la puissance spirituelle du pape à l'État (...). C'est un catholicisme civil, laïque, avec un clergé universitaire. » Il s'étonne « qu'un très grand orateur qui est l'honneur de la tribune française se soit déclaré partisan résolu du monopole ». Il s'agit de Jaurès.

Et il poursuit :

> Oui ! Nous avons guillotiné le roi, vive l'État-roi ! Nous avons détrôné le pape, vive l'État-pape ! Nous chassons Dieu, comme disent ces messieurs de la droite, vive l'État-Dieu ! Messieurs, je ne suis pas de cette monarchie, je ne suis pas de ce pontificat-là... L'État, je le connais, il a une longue histoire, toute de meurtres et de sang. Tous les crimes qui se sont accomplis dans le monde, les massacres, les guerres, les manquements à la foi jurée, les bûchers, les supplices, les tortures, tout a été justifié par la raison d'État ! L'État est par nature implacable : il n'a ni âme, ni entrailles, il est sourd à la pitié. Parce que je suis l'ennemi de l'empereur et du pape, je suis ennemi de l'État omnipotent.

Horreur du dogmatisme et du pouvoir absolu d'où qu'il vienne, connaissance de l'Histoire, mais aussi prescience de ce que vont être, dans le siècle, les États totalitaires, et qui le dressera très tôt contre le soviétisme.

Mais qui eût cru, en 1903, que l'affaire du monopole d'État sur l'enseignement, brandon toujours prêt à s'enflammer, mettrait un million de Français dans la rue en... 1986 ? Nul doute que Clemenceau, vivant, eût été parmi les manifestants.

Tel est son credo : l'autorité politique n'est justifiée que dans la mesure où elle se limite à garantir les droits de l'individu quand ils entrent en conflit avec ceux des autres membres de la société. S'il va plus loin, l'État devient oppresseur et tyrannique. C'est ce credo qui l'opposera au socialisme révolutionnaire, bien qu'il en partage les objectifs de justice sociale.

Cependant, dans sa défense ardente de la liberté d'enseignement, il fait une réserve de taille : les congrégations religieuses ne doivent pas y participer. L'Église est « une corporation internationale ayant pour chef un souverain étranger ». Et il annonce ce qui va devenir la grande affaire des gouvernements qui vont suivre : la séparation des Églises et de l'État.

C'est Combes, le petit père Combes, obscur

président du Conseil, modeste et résolu, qui dépose le projet de loi en octobre 1904. Clemenceau le trouve insuffisant et le dit très haut. D'ailleurs, il ne peut pas souffrir Combes. Leurs relations sont devenues détestables pour l'un de ces motifs familiers au Tigre : il lui a demandé une promotion pour son secrétaire, Étienne Winter ; Combes a refusé ; Clemenceau est parti en claquant la porte.

Et puis, il trouve Combes mou dans les conflits qui surgissent avec le Vatican.

Enfin, il y a l'affaire dite « des fiches ».

On découvre que le général André, ministre de la Guerre, républicain et franc-maçon — un « céphalopode à plumet », selon Clemenceau —, fait mettre en fiches les officiers supérieurs et généraux qu'il suspecte tous, ou presque, de ne pousser à l'avancement que des adversaires de la République. Les fiches sont centralisées au Grand-Orient de Paris.

Le système, scandaleux, a été découvert du jour où un employé du Grand-Orient a vendu une collection de ces fiches à un député de la droite nationaliste. Interpellation, indignation. Un député nationaliste, Syveton, gifle le général André en pleine séance. Celui-ci démissionne. Clemenceau attaque vivement, au Sénat, la politique des fiches et publie un article virulent à l'égard de Combes, où il écrit : « Renvoyer par la porte basse, dans un intérêt personnel, le ministre de la Guerre, sous les coups de M. Syveton, c'est tout juste le contraire d'un acte de bravoure. Il y a même un mot pour désigner cette absence totale d'héroïsme, un mot que, heureusement, au moment de l'écrire, je me trouve avoir oublié. »

Combes démissionnera à son tour le 19 janvier 1905.

Ainsi, ce n'est pas lui qui aura réalisé cette grande ambition républicaine, la séparation de l'Église et de l'État, mais Aristide Briand, dans le gouvernement Rouvier. La loi sera votée le 9 décembre 1905. Son application — la réalisation de l'inventaire du mobilier et des objets du culte en particulier — déclenchera de très vifs incidents à travers le pays. Rouvier sera contraint à son tour de démissionner. Près de 50 000 inventaires auront alors été dressés. 20 000 restaient à faire.

Sarrien succède à Rouvier et propose à Clemenceau d'entrer au gouvernement. Il préfère le voir dedans que dehors. Selon la légende, ce jour-là, un maître d'hôtel passa devant les deux hommes, proposant des rafraîchissements. « Qu'est-ce que vous prenez, Clemenceau ? » demanda Sarrien. Et Clemenceau de répondre : « L'Intérieur. »

Il allait être ministre pour la première fois.

Pour en finir avec l'épisode précédent, disons que les derniers inventaires suscitèrent des troubles graves, une résistance fanatique. Clemenceau, ministre, chercha l'apaisement. Il fit suspendre les inventaires partout où ils exigeaient le recours à la force. Interpellé au Sénat, il eut cette réplique demeurée célèbre : « Nous trouvons que la question de savoir si l'on comptera ou si l'on ne comptera pas les chandeliers dans une église ne vaut pas une vie humaine. »

Plus tard, il refusera d'ordonner la fermeture des lieux du culte. Les églises, selon lui, devaient rester à la disposition des fidèles et des prêtres. Peu à peu, et après maints incidents à l'occasion desquels Clemenceau se heurta durement à l'intransigeance du Saint-Siège, la paix revint dans les faits, sinon dans les esprits. La loi de Séparation finit par entrer dans les mœurs. Mais quelle bataille !

Même si Clemenceau n'y a joué qu'un rôle de second plan, elle l'a remis en selle. Quel ministre va-t-il faire, maintenant ? C'est peu de dire qu'on l'attend au tournant.

Le premier flic de France

Il est, dit-il, « un vieux débutant ». On va voir s'il est capable de faire mieux que les autres politiciens qu'il a si cruellement malmenés.

Pour l'anecdote, le jour où il prend ses fonctions à l'Intérieur, les bureaux sont vides. Un fonctionnaire dort, affalé sur son bureau. « Ne le réveillez pas, dit Clemenceau. Il partirait aussi. »

On ne dormira pas longtemps sous sa férule.

Le gouvernement Sarrien a des décisions critiques à prendre en trois domaines : la question religieuse, on en a parlé, les Affaires étrangères, et l'agitation sociale, qui est du ressort direct du ministre de l'Intérieur.

La première crise éclate le 10 mars à la suite de la catastrophe de Courrières, dans laquelle un millier de mineurs ont perdu la vie. Une poignée d'hommes seulement ont été sauvés après plusieurs jours d'ensevelissement. Le désastre provoque une grève qui atteint tout le bassin minier du Nord.

Clemenceau saisit l'occasion de montrer qu'il y a un changement dans l'attitude du gouvernement en diffusant une circulaire aux préfets leur ordonnant de ne pas faire appel à l'armée, sauf absolue nécessité, en se rendant à Courrières et en s'adressant lui-même aux mineurs. Mais son auditoire demeure insensible à un discours qui met sur le même plan le droit à la grève et le droit de poursuivre le travail pour ceux qui le désirent. Ce qu'il en retient, c'est que la troupe ne sera pas utilisée et que les grévistes ont donc le soutien du gouvernement. Résultat : la grève se durcit, prend un tour violent, et la troupe finit par être appelée. Premier pas sur la route qui allait conduire à surnommer Clemenceau le « premier flic de France ».

Le 1er mai, des arrêts de travail massifs se produisent, semant la panique chez les petits et grands bourgeois de Paris, affolés par le spectre de la Révolution. Chaque semaine, une nouvelle grève éclate dans les centres industriels.

C'est l'époque des grands duels oratoires entre Jaurès et Clemenceau, le premier attaquant les méthodes répressives du ministre, dénonçant l'arrestation des leaders de la CGT, le second défiant le leader socialiste de définir le système collectiviste et la manière dont il pourrait fonctionner.

Surtout, ce fut le début de la fissure au sein du bloc des gauches, les socialistes ne voulant plus apporter leur soutien à des gouvernements radicaux.

Cet été-là, Clemenceau fit sa cure à Carlsbad, puis un tour en Vendée, enfin une visite dans sa circonscription du Var. Là, il livra quelques confidences :

> Pour un honnête homme, quand il entre au gouvernement, le temps de la critique et du pur idéalisme est révolu. Son premier devoir est de mettre des limites à ses objectifs. Cependant, il

doit tenir compte des circonstances. Il ne doit pas cesser de marcher vers son idéal, mais dans le but de réaliser les parts de son programme qui sont immédiatement applicables, il doit établir un compromis avec les coutumes et les habitudes créées précisément par le système qu'il veut changer. Chacun peut toujours être considéré à la fois comme réactionnaire et révolutionnaire, cela dépend du point de vue. Quiconque n'accepte pas ce fait s'exclut du gouvernement. Il est bien connu que l'art de gouverner repose dans un mélange de réformes et de conservatisme, et qu'une prudence excessive est juste aussi mauvaise qu'un excès de témérité.

Les mânes de Gambetta ont dû en tressaillir !
Oui, il avait changé, Clemenceau.
Mais il dominait si bien le cabinet Sarrien de toute sa hauteur que le président du Conseil, donnant sa démission pour raison de santé, recommanda au président de la République, Armand Fallières, de lui confier les rênes du gouvernement.

Quel sera l'un de ses premiers gestes en qualité de président du Conseil ? Il exige que l'*Olympia* de Manet soit accrochée au Louvre.

Où l'on retrouve notre ami Monet... Clemenceau n'a pas cessé de le voir, au contraire. Il a acheté une petite propriété à Bernouville, dans l'Eure, tout près de Giverny, et il s'y échappe dès qu'il a un moment. Il adore rouler en voiture, très vite de préférence.

Or, Monet l'a appelé au secours d'*Olympia*. Que s'est-il donc passé ?

À la mort d'Édouard Manet, ses toiles ont été dispersées dans une vente. *Olympia* n'a pas trouvé d'acquéreur. Quelques années plus tard, un amateur s'est manifesté, un Américain. Émotion de Monet. Il organise une souscription où l'on trouve les plus beaux noms de l'époque, réunit 20 000 francs, achète *Olympia* à la veuve de Manet, et l'offre à l'État. Un ministre buté décide alors que la toile est indigne du Louvre et l'exile au Luxembourg.

Il fallut que Clemenceau arrivât au pouvoir pour que cessât le scandale.

Mais il allait avoir bientôt d'autres chats à fouetter.

Ici, il faut faire une halte. S'interroger : qu'est-ce alors qu'un homme politique ? Ne parlons pas du menu fretin où il y a de tout, y compris des gens décents mais qui n'accéderont jamais aux grands emplois.

L'homme politique d'envergure, l'homme d'État croit à son destin. Il a sinon un idéal, du moins une vision de la société où il se trouve et des réformes qu'il voudrait imposer dans l'intérêt général. C'était le cas de Gambetta, de Jules Ferry.

Dans l'enceinte du Parlement où se concentraient tous les débats avant que ne naisse la télévision, et où les gouvernements se renversaient comme des quilles avant que la Ve République ne transforme les institutions, l'homme politique était un fauve soumis à une chasse permanente.

Pour guider son action, il n'a que son instinct, ce qu'on appelle le sens politique, et la puissance de ses convictions. Les sondages n'existent pas, qui font aujourd'hui la pluie et le beau temps, par quoi on ausculte jour après jour l'humeur du pays. Et c'est heureux. Car il n'est pas d'homme d'État digne de ce nom qui ne soit appelé à agir parfois contre l'humeur du pays. Sinon, ce n'est pas un démocrate, c'est un démagogue.

Du temps de Clemenceau, la République est encore jeune, contestée, combattue. Les cicatrices laissées par l'affaire Dreyfus, les blessures créées par la laïcisation sont encore vives, la société française est loin d'être pacifiée. La droite catholique est crispée. Le pape a interdit aux catholiques de mêler leurs voix, au Parlement, à celles de républicains.

Grondent d'autre part des forces sociales qui commencent à peine à s'organiser et que travaille le ferment révolutionnaire. Quant à la droite d'argent, elle est aveugle.

C'est dans ce contexte que Clemenceau va gouverner.

6

Une série de crises

Quand Clemenceau devient chef du gouvernement en 1906, il jouit d'un préjugé favorable parmi les républicains. Les socialistes eux-mêmes l'accueillent bien. Jaurès, porte-parole qualifié du parti, s'est prononcé en sa faveur dans *l'Humanité*. Mise à part la droite, toujours hostile, l'opinion le soutient. Les classes moyennes sur lesquelles s'appuie le radicalisme depuis sa naissance lui sont acquises. À la Chambre, il dispose d'une majorité compacte.

Un écrivain célèbre et écouté, Anatole France, avec lequel il n'a cependant pas eu les meilleures relations possibles, publie alors dans la *Neue Freie Presse* de Vienne un long article, reproduit par *l'Aurore*, pour dire les raisons que l'on a de se féliciter : « Clemenceau est le seul homme désigné à cette heure pour le pouvoir. » Il le couvre de fleurs. Tout en regrettant que le nouveau président du Conseil ne soit pas, comme lui-même, socialiste, France estime que la prise de pouvoir par les socialistes n'est pas possible avant longtemps et que, l'état de l'opinion exigeant une politique radicale, un ministère Clemenceau est « dans la logique des choses ».

Mais il juge sa situation difficile : « Les dangers qui viennent de Clemenceau lui-même, écrit-il, ne sont pas les moindres. D'esprit, il est souple et divers ; de caractère, il est vif et cassant. Il a le sens de l'action et on peut dire que, pour lui, vivre c'est agir. Mais, en même temps, il est philosophe, et plus tendu sans doute vers l'action intellectuelle qu'il ne convient à un chef de gouvernement ou même à un chef de parti... Il est hors de pair pour le talent et pour l'énergie. Ce n'est pas cela qui fait durer les chefs de gouvernement...

« Bien qu'il n'ait jamais varié dans ses doctrines et qu'il soit, aujourd'hui comme en 1870, républicain libéral et patriote, il surprend... L'unité de son esprit est plein de contrastes apparents... » Et il conclut : « Il est terrible et charmant ; il attire et effare. C'est le plus merveilleux orateur de son temps ; il possède l'art d'écrire. Il est occupé d'idées, et pourtant il n'épargne pas assez les personnes dans ses polémiques. Voilà le danger qui vient de lui-même. »

C'est bien vu.

Le Tigre appréciera médiocrement l'hommage. D'Anatole France, il dira à Martet : « Un terrible capon ! D'ailleurs, regardez-le : il a une tête de lièvre avec des yeux qui ont toujours l'air de chercher d'où peut venir la frousse ! »

Au gouvernement, il s'est entouré de ministres plutôt brillants (Caillaux, Briand, Barthou, Doumergue, etc.) ; il a mis le général Picquart, celui de l'affaire Dreyfus, à la Guerre ; il a créé un ministère du Travail — grande innovation — confié à Viviani. Il s'entend à peu près convenablement avec son équipe.

Son cabinet, dirigé par Étienne Winter, celui auquel Combes a refusé une promotion, lui est tout dévoué. S'y est glissé un journaliste qui a travaillé à *l'Aurore*, un certain Georges Mandel.

Un incident marque les débuts du gouvernement. Députés et sénateurs se votent froidement une augmentation, faisant passer leur indemnité annuelle de 9 000 à 15 000 francs. Commentaire d'un député nationaliste : « Mon indignation n'a d'égale que ma satisfaction. »

Cette petite opération fait mauvais effet. Mais Clemenceau est impuissant à l'empêcher. Il dira seulement : « C'est un coup de poignard dans le dos des républicains. »

Son programme est d'un réformiste ambitieux : vote rapide de la loi sur les retraites ouvrières, journée de dix heures, loi sur les contrats collectifs de travail, possibilité de rachat par l'État des compagnies minières, etc. Il est largement approuvé par la Chambre.

Mais une série de crises vont éclater. La première concerne les restrictions gouvernementales à l'exercice du syndicalisme parmi les agents de la fonction publique. Un groupe d'instituteurs de Paris et Lyon allume la fusée en déclarant qu'ils vont rejoindre la CGT. Clemenceau les reçoit et les informe qu'il ne peut pas les autoriser à rallier une organisation dont l'objectif est de renverser l'ordre social. Le gouvernement prépare un « statut des fonctionnaires ». La Fédération des instituteurs s'enflamme. Puis c'est le tour du Comité central du droit syndical des salariés de l'État, qui regroupe des enseignants, des postiers, d'autres encore. De manifeste en manifeste, la situation se détériore. Jaurès attaque. Des membres du gouvernement et un certain nombre de députés réclament la dissolution de la CGT. Clemenceau refuse. Un échange entre Jaurès et Briand tourne à de violentes attaques personnelles. Les ponts sont rompus entre radicaux et socialistes. Ils le resteront.

Cependant, Clemenceau a manœuvré dans toute cette affaire avec habileté, proposant une politique qui combine la répression des désordres avec la réforme. Il va trouver, pour le soutenir à la Chambre, une majorité de centre gauche qu'il conservera pendant trois ans. Sa position est forte au Parlement et dans l'opinion publique.

L'un de ses biographes, David Watson, fait état d'un rapport de police établi à l'époque, c'est-à-dire un an après sa prise de fonction. Rapport intéressant :

> Ces derniers jours, des rumeurs ont couru dans les cercles politiques selon lesquelles le président du Conseil songerait à démissionner... Je vous ai déjà dit verbalement la popularité dont jouit M. Clemenceau dans l'opinion et combien son caractère « français » lui vaut la sympathie générale... Partout, de tous côtés, et je ne parle pas seulement des milieux réactionnaires, j'entends des protestations contre les provocations de la CGT. L'arrestation des antimilitaristes a produit un certain soulagement, mais les gens attendent davantage... Les rumeurs d'une éventuelle démission du président du Conseil sont accueillies avec regret. Les gens savent qu'avec lui, ils ont à la tête du gouvernement « un homme à poigne » déterminé à maintenir l'ordre dans les rues. Ils s'inquiètent de son possible successeur, et il est certain que si le présent ou le futur cabinet penchait davantage vers la gauche, la République aurait contre elle non seulement les réactionnaires et les bourgeois conservateurs, mais tout le commerce républicain... En tout cas, il est certain que si M. Clemenceau démissionne, cette

> démission aura un impact détestable sur l'opinion publique, déjà trop disposée à s'alarmer et à voir l'avenir en rouge [33].

Et Watson de conclure : « En fait, Clemenceau combinait conciliation et répression. Mais, tandis que les autres politiciens proclament leurs attitudes conciliantes et dissimulent leurs attitudes répressives, Clemenceau faisait le contraire. »
Ce sera toujours sa technique.

Au problème des fonctionnaires succéda celui des viticulteurs du Midi. La surproduction, provoquée par des fraudes (mouillage et sucrage des vins), avait fait tomber les prix de façon catastrophique. Manifestations gigantesques, qui font cinq morts, grève de l'impôt, démission des municipalités dans quatre départements, préfectures de Perpignan et de Narbonne incendiées. Les troupes appelées à contenir la foule, recrutées localement, se mutinent.

Un observateur, Romain Rolland, décrit ainsi à l'une de ses amies, Elsa Wolff, le climat houleux dans lequel se déroulent les débats à la Chambre :

> Séance tragique. Les pires nouvelles venaient du Midi. Les tribunes étaient bondées et houleuses. Tout le monde était angoissé. Seul Clemenceau était indifférent.

Ce petit vieillard chauve et jaune à la voix faible (mais nette et coupante), à l'air usé de fatigue, et qui vient là comme un bon bourgeois, un vieux petit médecin de province, sans paraître même entendre ce qui se dit autour de lui, a tenu tête pendant six heures à une assemblée entière, est monté trois fois à la tribune, et à chaque fois, en dix phrases nonchalantes et acérées, il avait touché l'un de ses adversaires après l'autre, et ils s'effondraient tous sous ses sophismes et ses sarcasmes. Même les plus grands orateurs, et les premiers hommes d'État, Jaurès et Millerand : pas un n'a été de force.

Mais, sur le terrain, la situation s'envenime.

À la tête des manifestants se trouvait un viticulteur d'Argeliers, Marcelin Albert, secondé par un ancien député socialiste, Ferroul. Marcelin était un personnage populaire connu sous le nom de « Rédempteur ».

Réaction de Clemenceau : on arrête Ferroul et on lance un mandat d'arrêt contre Marcelin en fuite.

Or, voilà que le Rédempteur se présente au ministère de l'Intérieur et demande à voir Clemenceau. Celui-ci reçoit le fugitif, le tance. Et Marcelin de fondre en larmes, jurant qu'il n'a jamais voulu encourager violences ni émeutes.

« Alors, rentrez dans votre village, lui dit Clemenceau, persuadez vos amis d'en finir avec cette agitation, et faites confiance au gouvernement qui agit pour résoudre la crise économique. Avez-vous de l'argent pour payer votre billet de retour ? Non ? Voici cent francs. »

Albert s'en retourna, la queue entre les jambes. Il y perdit son prestige, mais le mouvement de révolte s'apaisa.

Cependant, Clemenceau n'en avait pas fini avec les grèves, ni les ouvriers avec la répression. La plus célèbre fut celle qui éclata aux sablières de Draveil, près de Paris. Elle établira définitivement, pour le meilleur et pour le pire, la réputation de Clemenceau « briseur de grèves ».

Tout commence le 1er juin 1908 par de sérieux incidents : deux ouvriers sont tués par la police. Suit une manifestation qui fait quatre morts et une cinquantaine de blessés. Les arrestations sont nombreuses. Comme toujours, il y a eu des affrontements entre les grévistes et les « jaunes », ceux qui veulent poursuivre le travail.

Clemenceau prend le mors aux dents et fait arrêter, à l'aube du 1er août, les dirigeants de la CGT qui se sont réunis rue de la Grange-aux-Belles afin de décider d'une grève générale pour la journée du 3. De nombreux militants sont également appréhendés.

En fait, la grève du 3 août est un échec à peu près total, sauf chez les typographes et les électriciens. Les ouvriers des sablières de Draveil n'ont plus qu'à reprendre le collier de misère. Mais la Fédération des mineurs, forte de 60 000 membres, annonce son adhésion à la CGT.

Clemenceau a-t-il alors voulu dissoudre la CGT, en a-t-il été retenu par Viviani ? Les avis divergent sur ce point. Le fait est qu'il ne l'a pas dissoute et qu'il s'en est expliqué, deux mois plus tard, dans un discours prononcé à Bandol :

> Ce n'est pas un mystère que la CGT a été dévoyée de la défense d'intérêts professionnels par des anarchistes révolutionnaires qui ont jusqu'à ce jour été capables de faire régner la terreur sur les principaux leaders socialistes. Pour remédier à cet état de choses, certains conservateurs demandent la suppression de la CGT, qui représente 2 000 syndicats, avec 200 000 membres sur un total de 13 000 syndicats avec 850 000 membres. J'ai dit au Parlement que, même si une telle mesure, serait légale, je refuse de la prendre, parce que rien ne pourrait empêcher la CGT de se reconstituer un jour prochain avec l'auréole de la persécution... Il est clair que la grande majorité de ses membres sont hostiles aux méthodes violentes, et que leur volonté est en ce moment occultée par un système de vote conçu expressément pour donner le pouvoir à une minorité. Au lieu d'attaquer ces atteintes à l'organisation de la classe ouvrière, il paraît plus politique, et en un mot plus républicain, de permettre à la

majorité de rétablir sa propre autorité par la vertu d'un système de vote normal qui renverra aux limbes cette mince minorité de dictateurs non représentatifs.

Probablement à cause de conflits internes à la CGT, les grèves allaient dès lors se ralentir. La stratégie de Clemenceau avait réussi.

Mais il fut moins heureux, si l'on peut dire, sur le front des réformes, que le Sénat bloquait obstinément. Ainsi la Haute Assemblée proposa-t-elle de fixer l'âge des retraites ouvrières... à soixante-quinze ans ! Quant à l'impôt sur le revenu préconisé par Caillaux, elle ne voulait pas vraiment en entendre parler. La Chambre l'avait voté, le Sénat l'enterra.

Réformer est une longue patience, à supposer que l'on y réussisse jamais, en France, autrement qu'à la faveur de quelque convulsion.

On a coutume de dire qu'en arrivant au pouvoir, un chef de gouvernement a cent jours devant lui pour imposer des réformes sérieuses. Puis tout se pétrifie à nouveau, se gèle. Le temps de grâce est passé.

Clemenceau en a fait l'expérience, si impétueux et déterminé qu'il ait été.

Quand on observe le bilan social de son gouvernement, on est frappé par sa maigreur, tant il est vrai qu'il ne suffit pas d'être au pouvoir pour l'exercer. Tout de même : la loi discutée depuis 1894, autorisant la femme mariée à disposer librement de son salaire, a été votée. Un régime de liberté surveillée s'est substitué à la juridiction répressive pour les mineurs de moins de 13 ans. Le repos hebdomadaire est entré dans la loi. Les retraites ouvrières et paysannes aussi, contestées par la CGT qui se méfie de « l'État voleur ». Mais la crispation ouvrière ne fait que s'accentuer...

À la Chambre, où certains radicaux commencent à être contaminés par les socialistes, de magnifiques passes d'armes opposent Clemenceau à Jaurès. Le Tigre dresse la liste des inconsistances du chef socialiste : il est pour la réforme et en même temps pour la révolution ; il est l'artisan de l'unité socialiste et son parti abrite en même temps les opinions les plus divergentes ; il défend la patrie et en même temps s'oppose à l'expulsion d'un antimilitariste ; il vote les réformes sociales mais refuse de voter le budget destiné à les financer ; il prêche la paix universelle et provoque la guerre civile ; enfin la marque principale de son éloquence, c'est que tous ses verbes sont au futur...

Et Clemenceau conclut, s'adressant aux siens : « Messieurs, vous pouvez vous montrer devant le peuple de France, qui ne se trouve pas dans les meetings de Jaurès, et vous pouvez exciper du travail que vous aurez fait. Je vous dis que le pays ne peut pas vous désavouer, à moins de désavouer les plus belles pages de sa glorieuse histoire ! »

La Chambre vote la confiance.

Cinq jours après, le gouvernement va être renversé sur un incident de séance, après une remarquable longévité — trente-trois mois —, et c'est entièrement du fait de Clemenceau.

Fichu caractère !

Le prix d'une rancune

Théophile Delcassé, qui avait été longtemps ministre des Affaires étrangères, présidait une commission d'enquête sur la Marine. Passons sur les détails. Au lieu de lui répondre sur des questions techniques, Clemenceau explosa en attaques personnelles. Il exécrait Delcassé. Selon les uns, celui-ci lui avait succédé dans le cœur d'une actrice. Selon les autres, Clemenceau avait, quelques années plus tôt, demandé à Delcassé une faveur pour le comte d'Aunay dont l'épouse était vraisemblablement sa maîtresse. Diplomate de carrière, d'Aunay avait été rappelé de son poste de ministre plénipotentiaire à Copenhague à la suite d'indiscrétions sur l'alliance franco-russe. Clemenceau souhaitait sa réintégration. Delcassé l'avait refusée. Impardonnable !

Et le voilà qui tonne : « Vous étiez ministre des Affaires étrangères ; votre politique nous a conduits à la plus grande humiliation que nous ayons connue depuis vingt ans. Vous nous avez menés, monsieur Delcassé, aux portes de la guerre, et le pays n'était pas prêt ! Vous savez fort bien, tout le monde sait que lorsqu'on a demandé aux ministres de la Guerre et de la Marine s'ils étaient prêts, ils ont répondu qu'ils ne l'étaient pas ! »

Delcassé avait en effet envisagé la guerre en 1905, et avait fait allusion à un appui anglais qui se serait manifesté par un débarquement en Allemagne.

Or, l'ancien ministre jouissait d'une réelle sympathie à la Chambre, précisément parce que ses amis le présentaient comme celui dont les Allemands ne voulaient pas.

Au lieu de lui répondre sur la Marine, Clemenceau se laissa donc emporter et demanda le vote d'un ordre du jour. Celui-ci fut repoussé. Exit le gouvernement Clemenceau, le 20 juillet 1909.

À la suite de quoi l'ambassadeur de France à Londres, Paul Cambon, écrira à Delcassé : « C'est un grand malheur que votre mésintelligence avec Clemenceau. Mais il est d'autant plus difficile de vous rapprocher que rien ne vous sépare sur la politique extérieure. Les rancunes personnelles sont pires que tout[34]. »

De ce côté-là, il n'y a rien de changé sous le ciel politique.

Les haines intestines sont, il est vrai, de toutes les corporations. Le frappant, en politique, est qu'elles sévissent surtout entre des hommes qui ne sont pas séparés par leurs options fondamentales, qui militent souvent dans le même parti.

Qu'est-ce qui les divise, alors ? Parfois une antipathie épidermique. Souvent, un mot cruel de l'un sur l'autre — le fameux « archaïque » de Michel Rocard à l'endroit de François Mitterrand en 1978. La rivalité, bien sûr, entre ceux qui peuvent prétendre aux grands emplois, celle de crocodiles mâles dans le même marigot. Plus on s'élève dans l'ambition, plus les places sont chères. L'adversaire, ce n'est pas l'opposant, c'est le concurrent.

Haines meurtrières, camouflées sous le tutoiement, déguisées en camaraderies de parti.

Au moins Clemenceau, s'il les pratiqua abondamment, eut-il un mérite : ce ne fut jamais sous le couvert de l'hypocrisie. S'il a beaucoup haï, ce fut toujours à visage découvert et au mépris des conséquences de sa franchise.

D'ailleurs, il était incapable de tenir sa langue...

7

L'Allemagne fait toujours des gaffes

Quelle était donc cette politique extérieure qu'il aurait pu conduire avec Delcassé ?

Il faut se remémorer l'état du monde en ces années 1900 qui allaient précéder le suicide de l'Europe.

Toutes les autres nations, États-Unis exceptés, sont des monarchies dont les rois sont unis par des liens de cousinage : ainsi Édouard VII l'Anglais, Guillaume II l'Allemand et Nicolas II le Russe. L'Autriche-Hongrie est un empire fédéral entre les mains des Habsbourg. L'Italie, l'Espagne ont un roi. Au cœur de cet ensemble, la France est le vilain canard républicain dont le souffle a fait trembler les cours et qui a été humiliée par Bismarck. Le ferment révolutionnaire est partout en Europe, en Russie, mais il est partout durement réprimé.

Chacun se taille, dans la chair de l'Afrique et de l'Asie, un empire colonial et on échange des

« droits ». Je te laisse l'Égypte, je te laisse la Tripolitaine, je te laisse le futur chemin de fer de Bagdad, mais tu me laisses le champ libre au Maroc. On se heurte sur des frontières, des incidents éclatent, le commandant Marchand doit évacuer Fachoda, au Soudan, sous la pression des Anglais, la France doit accepter l'internationalisation de la question marocaine quand l'Allemagne se fâche et que Guillaume II arrive à Tanger, on frôle la guerre mais on ne la fait pas : on négocie. Bref, on joue aux échecs.

Malheureusement, les joueurs sont des hommes, et pas de tout repos. Guillaume II est un vaniteux imprévisible, Nicolas II un sot qui va recevoir une raclée du Japon... Tout ce beau monde jongle avec des barils de poudre.

Quand Clemenceau arrive au pouvoir, Delcassé a conduit la politique extérieure de la France pendant sept ans. Il a renforcé et précisé l'alliance avec la Russie, il a effectué un rapprochement spectaculaire avec l'Angleterre, qui a débouché sur l'Entente cordiale, il a orienté vers le Maroc sa grande politique coloniale, celle qui doit compenser la perte de l'Alsace et de la Lorraine.

Clemenceau, qui a placé au Quai d'Orsay un homme à lui, Stephen Pichon, intelligent et capable, n'a pas des vues très différentes de celles de Delcassé. Bien qu'il haïsse le régime tsariste, il considère l'alliance russe comme une pénible nécessité. Le rapprochement avec l'Angleterre lui paraît plus important encore. Il incarne la tendance de ceux qui, en France, vivent les yeux rivés sur « la ligne bleue des Vosges », nullement revanchard, quoi qu'on en ait dit, mais préconisant des précautions pour résister éventuellement à une agression de l'Allemagne. La meilleure des précautions consistant en un renforcement de l'armée qu'il faut se garder de disperser dans des expéditions coloniales.

Donc, sauf sur le Maroc, il ne va pas s'écarter de la politique mise en chantier par Delcassé. Et encore, sur le Maroc, sa position est-elle ambiguë. Il accepte une « pénétration pacifique » du pays. Ce qu'il récuse, c'est une guerre de conquête.

C'est précisément à propos de ce dernier pays que l'Allemagne va se fâcher. La France a envoyé une mission à Rabat afin d'imposer au Maroc endetté un ensemble de contrôles qui auraient abouti à un véritable protectorat. Guillaume II se rend en personne à Tanger pour déclarer que « le Maroc doit rester un État libre et indépendant ». C'est en évoquant cet incident que Clemenceau reprochera à Delcassé d'avoir conduit la France au bord de la guerre en 1905. La suite sera l'internationalisation de la question marocaine — la conférence d'Algésiras en 1906 —

que Clemenceau appellera « la plus grande humiliation que nous ayons connue depuis vingt ans », ce qui ne fait pas honneur à sa bonne foi.

En fait, et après que d'autres incidents eurent éclaté, on assista plutôt, sous le gouvernement Clemenceau, à un rapprochement franco-allemand au sujet du Maroc. L'Allemagne reconnut à la France des intérêts spécifiques au Maroc et s'engagea à ne point y mettre d'obstacles. En retour, la France promit à l'Allemagne une égalité de traitement s'agissant de ses intérêts industriels et commerciaux dans ce pays.

Quelle a été l'attitude du Tigre vis-à-vis de l'Allemagne pendant ces années de gouvernement ? Il ne dit ni n'écrit un seul mot sur de prétendues « frontières naturelles » de la France. C'est pure calomnie que d'en faire un va-t'en guerre. D'ailleurs, il n'ignore pas que la France ne serait pas en état de soutenir un conflit armé avec sa voisine. Il pense en revanche qu'à long terme, une guerre est inévitable. Non parce que la France cherchera à prendre sa revanche sur la défaite de 1870, mais parce que « la difficulté entre nous et l'Allemagne est la suivante : l'Allemagne croit que la logique de sa victoire est la domination, tandis que nous ne croyons pas que la logique de notre défaite est la vassalité ». Il dit encore : « L'empereur d'Allemagne est le plus incalculable élément de l'Europe : il est impulsif, obsédé par son propre prestige, et il a à sa disposition des forces énormes... L'Allemagne fait toujours des gaffes, tapant tantôt sur un clou, tantôt sur un autre... » En somme, il craint davantage les aberrations de la diplomatie allemande qu'une attaque délibérée, froidement calculée. En tout cas, il se garde toujours de toute provocation et cherche au contraire à maintenir de bonnes relations avec Berlin. On l'a dit, il sait que la France n'est pas prête à soutenir une guerre avec sa voisine, que la balance des forces militaires joue largement en faveur de celle-ci, que notre alliée la Russie, récemment défaite par le Japon, aura besoin de plusieurs années pour reconstituer ses forces, et que l'Angleterre n'a rien fait pour devenir une puissance militaire capable d'intervenir sur le continent. Donc, prudence.

Du côté de l'outre-mer, à la tête d'un vaste empire, on ne dira certes pas qu'il fut un décolonisateur — situation inimaginable. Mais il entreprit des réformes, tout en se heurtant à la résistance efficace des colons. Il favorisa un projet de développement de l'enseignement primaire en Algérie, il reçut en 1908 une délégation du mouvement Jeune Algérie, conduite par l'avocat Bouderba, favorable à l'assimilation. Manifestant son accord de principe, il suscita le déchaînement de la presse aux mains des colons contre

« le Vendéen rouge, M. Clemenceau, qui n'a jamais traversé la Méditerranée ». Il fit établir le système de conscription réclamé par Jeune Algérie, demanda qu'on fît aboutir sans délai des réformes tendant à améliorer la condition matérielle et morale des musulmans, se heurta aux colons, songea à les briser en leur supprimant leur représentation parlementaire, mais finit par négocier... Ce qui permit à ceux-ci d'attendre benoîtement la chute de son cabinet pour être tranquilles. Une attitude, celle du hérisson, qui a fait ses preuves à travers les décennies.

En 1947, on en était encore là. Il faudra un demi-siècle et des centaines de milliers de morts, dans une guerre affreuse, pour que la République, incapable de réformer quand il était encore temps, se dépouille de l'Algérie dans le sang.

8

Trois cents giroflées roses

Voici donc le Tigre hors jeu, retranché dans sa tanière de la rue Franklin, avec ses *kogos*, ses rosiers et ses poules.

Il commence par écrire à son ami le comte d'Aunay : « La délivrance me remplit de joie. Plus personne à voir. Plus de sollicitations. Rien que la liberté. Une antichambre vide. J'ai dormi la nuit dernière de sept heures à sept heures sans interruption. Il y a longtemps que ça ne m'était pas arrivé ! »

Épître classique de tous ceux qui sont déchargés du pouvoir.

En fait, il a passionnément aimé ce pouvoir. Non ses apparences, auxquelles il est indifférent, mais sa réalité. Agir. Réaliser. Il s'y est épanoui, déplié, sûr de lui, prompt à l'action autant qu'à la colère, conscient d'avoir rencontré son destin. Alors, que comptent les nuits sans sommeil, la pression presque insoutenable qui s'exerce —

déjà — sur un chef de gouvernement, les obligations, les solliciteurs... ? La prison du pouvoir a eu un goût de miel, même s'il est provisoirement heureux d'en être libéré.

Que va-t-il faire ? Se tenir écarté de l'action politique pendant deux ans et demi.

On a indiqué qu'il avait acheté une maison à Bernouville, dans l'Eure, petite commune de deux cents habitants. Maison banale : un corps de bâtiment, deux ailes, mais une immense pelouse rectangulaire traversée par un canal, et, au-delà, un vaste jardin potager.

L'homme de terre va être à son affaire. Une commande passée à un horticulteur mentionne 200 peupliers blancs, 36 genêts d'Espagne, 150 cotoneasters, 15 anémones, 50 lys blancs, 50 lys rouges, 50 roses grimpantes, 90 géraniums roses, 300 giroflées roses [35]...

Il met des truites dans le canal, des cygnes dessus, un âne et huit vaches sur la prairie, il monte un élevage de porcs, une basse-cour abondante... Et, bien sûr, il a des chiens.

La campagne, il aime.

Mais, surtout, Bernouville est près de Giverny. L'automobile — toute neuve alors, une Panhard — supprime les distances. Va se resserrer la vieille amitié avec Claude Monet, vont reprendre leurs échanges passionnés.

Ils avaient les mêmes goûts, le jardin et les

fleurs les occupaient presque autant que la peinture, ils aimaient les voitures et la vitesse, la bonne chère accommodée par leurs cuisinières respectives, les voyages. Ils s'enchantaient mutuellement. Clemenceau traquait le processus de la création chez Monet ; le peintre, soumis à une rude épreuve, allait s'accrocher à la vitalité de Clemenceau comme à une planche de salut.

Au diable la chronologie, suivons le fil de cette histoire jusqu'au bout.

L'œil de Monet

En 1908, Monet a commencé à souffrir de troubles de la vue. Il s'agit d'une cataracte, diagnostic confirmé en 1912. À l'époque, la cataracte ne s'opère pas avant d'être « mûre ». Le peintre en est, on le conçoit, fortement ému. Il en informe son ami. Clemenceau, qui est médecin, rappelons-le, lui écrit alors du Mont-Dore où il suit une cure pour sa voix :

> Je ne veux pas perdre un moment pour vous rassurer. Votre maladie vient fort mal à propos, et c'est fort ennuyeux, mais vous n'êtes pas du tout menacé de perdre la vue. Le principal ennui est des cataractes à marche lente qui, lorsque deux yeux sont pris au même degré,

font vivre comme dans un brouillard. Comme ce n'est manifestement pas votre cas, il faut croire que la cataracte du mauvais œil sera bientôt « mûre » et qu'on pourra l'opérer. Or, cela n'est rien, et la continuité de la vue est assurée. C'est moins désagréable que d'être « prostatique », je vous assure. N'ayez aucune crainte. Vous serez tiré de tous vos tourments à cet égard...

Quand Monet lui dit qu'il ne peut plus travailler, Clemenceau recommande alors une opération. Mais le peintre a peur, peur de la douleur physique, peur de la mort. Il décommande l'intervention à laquelle devait procéder le docteur Coutela, le bien nommé !...

Il ne s'y résignera qu'en 1921. L'opération de l'œil droit se déroule alors en trois étapes. Elle est satisfaisante. Cependant, Monet s'habitue mal aux lunettes. Des douleurs l'accablent. Il se plaint à son chirurgien : « J'y vois de moins en moins, avec ou sans lunettes noires... La lumière excessive que nous avons me fatigue tellement que je suis obligé de me confiner dans la pénombre de la chambre. Aujourd'hui, j'ai eu de forts élancements dans le centre de l'œil même... »

Monet confiné à la pénombre, c'est une injure de Dieu.

Les médecins parlent d'une nouvelle intervention, qui terrorise le peintre. Clemenceau le reprend en main, essaie de le faire sourire :

Vous ne voulez pas rire de vos docteurs. C'est une grande faute ! Les voilà qui parlent d'une « intervention chirurgicale », car lorsqu'on se respecte, on ne doit pas dire « opération ». Il n'est pas bien difficile de deviner ce que ce peut être... Une certaine vascularisation causée le diable sait par quoi pourrait amener un champ d'opacité qui restreindrait votre vision. Une, deux, la fine section la fera rétracter et vous aurez les yeux plus ouverts que Tobie [il s'agit du personnage de la Bible], sans avoir besoin de vous frotter d'un poisson. Ce n'est même pas l'équivalent de la première opération que vous avez subie sous le regard enflammé d'une jeune blonde... Passons. Si vous ronchonnez pour cette misère, vous serez désapprouvé par l'« opinion publique » et vous ne serez pas élu député, sénateur ou même président d'un comité...
Claude, je t'aime.

Mais Monet, se voyant déjà aveugle, est complètement démoralisé. Il regrette sa première opération « fatale ». Enfin il se soumet à la seconde qui a lieu à Giverny même. La convalescence est longue, qu'il supporte mal. Clemenceau lui recommande « un peu de patience, petit bébé ». Les choses s'arrangent, mais le peintre se plaint de ne plus voir les couleurs ; sa vision se limite au jaune. Le docteur Coutela recommande alors d'opérer l'œil gauche et écrit à Clemenceau : « Personnellement, M. Monet m'a fait passer par de telles transes que j'étais décidé à passer la main pour ce deuxième œil. Mais c'est un si brave homme ! et que l'on aime malgré ses passes de colère... » Il est prêt à intervenir, mais Monet refuse.

Alors Clemenceau gourmande son ami : il faut qu'il accepte cette nouvelle opération. Non, réplique Monet, pas avant qu'on ne me montre un peintre ayant été opéré des deux yeux et qui aura recouvré la perception de toutes les nuances de couleur.

Nouveau sermon affectueux de Clemenceau : « L'œil de Monet n'est pas l'œil de tout le monde. »

Mais l'intervention n'a pas lieu. De lunettes en lunettes, les dernières venues d'Allemagne, Monet a retrouvé le vert, le rouge, le bleu atténué... Et il peint comme un fou.

Car tout ceci se passe alors qu'il travaille aux panneaux des *Nymphéas* qu'il a offerts à l'État, comme un bouquet, après la Victoire de 1918. Ces panneaux, il ne cesse de les faire et de les détruire, de les retoucher et de les refaire, en proie à une tension tragique vers l'absolu de la perfection. Sa vue ne cesse cependant de s'altérer...

La lutte entre les deux vieillard obstinés, Clemenceau et Monet, pour que ce dernier, à demi aveugle, achève ses *Nymphéas* et déclare enfin son œuvre aboutie, va durer dix ans, sans que le peintre cède. Les *Nymphéas* seront encore à Giverny quand il mourra, en 1926, alors qu'après mille complications et quelques querelles, tout est prêt, au musée de l'Orangerie, pour les accueillir... Mais on peut dire que l'énergie de Clemenceau les aura irradiées.

Il aimait d'autres peintres. Pas Renoir, ce dont Monet le blâmait. Mais « je ne peux pas lui pardonner d'avoir fait de la femme une sorte de monstre. C'est à vous dégoûter à tout jamais de l'amour. Vous avez vu les fesses qu'il fait à ces malheureuses ? Mais je me rends compte que c'était quelqu'un. Il a cherché [36]. »

Il connaissait admirablement l'art de son temps — et d'ailleurs de tous les temps, avec une prédilection pour la Grèce. Mais, avec Monet, ce fut autre chose :

> Je vous aime parce que vous êtes vous, et vous m'avez appris à comprendre la lumière. Vous m'avez ainsi augmenté. Tout mon regret est de ne pouvoir vous le rendre. Peignez, peignez toujours jusqu'à ce que la toile en crève. Mes yeux ont besoin de votre couleur et mon cœur est heureux de vous.

Et, dans sa dernière lettre : « Je suis aussi fou que vous, mais je n'ai pas la même folie. Voilà pourquoi nous nous entendrons jusqu'au bout. »

Plus tard, devenu très âgé, il consacrera un livre à Monet.

Ce Clemenceau-là, pourrait-on ne pas l'aimer ?

9

Une prostate inutile

Donc, en 1909, déchargé du pouvoir, il cultive son jardin, puis s'en va faire une cure à Carlsbad, pour son diabète et ses bronches.

C'est probablement à l'instigation de son ami autrichien Moritz Szeps, journaliste autrichien renommé, qu'il en a pris l'habitude.

L'une des filles de Szeps a épousé Paul Clemenceau, le frère de Georges. Cette Sophie-là tient salon progermanique à Paris et sera, dit-on, la maîtresse de Delcassé. Clemenceau ne l'aime guère.

L'autre fille de Szeps, Berta, jouera un petit rôle dans des tentatives de négociations avec l'Autriche pendant la guerre, ce qui la brouillera à l'instar de sa sœur avec Clemenceau. Mais, pour l'heure, il l'adore, son Autrichienne. Il traite Berta d'« étonnante toquée », elle essaie de le consoler de la perte de l'une de ses petites-filles, ils bavardent énormément, parlent politique. Berta est journaliste, comme son père.

Clemenceau mène la vie banale d'un curiste consciencieux. Il écrit au comte d'Aulnay :

> Moi, je m'assomme à prendre des eaux fades qui m'empêchent de dormir... Toutes les nationalités de la terre se donnent rendez-vous dans ce capharnaüm. Tout cela tourne en rond le matin au son d'une musique tchèque, après quoi on va se gorger de jambon de Prague. C'est abrutissant, mais malsain.

Il partage la table d'Édouard VII à Marienbad et, racontant son déjeuner à Berta, se déclare satisfait d'avoir consolidé l'Entente cordiale. Édouard VII est, lui dit-il, un grand ami de l'Autriche.

Lui-même adore l'Autriche, sinon son empereur. Relatant son voyage par l'Orient-Express à travers l'Allemagne pour gagner Carlsbad, voyage qui durait alors vingt-quatre heures, il dit : « Pour imprévu, pour distraction, des automates habillés en chefs de gare, des gros Allemands lunettés d'or, des grosses Allemandes reluisantes et des enfants Allemands très fleuris s'empilant et se désempilant dans toutes les voitures de mon train, parfums de tabac, de saucisses et de bière... » Mais, dès que le train pénètre en Autriche, « brusquement, c'est un autre monde. L'amabilité souriante de l'Autrichien nous fait accueil ».

Il aura fâcheusement oublié ses sentiments vis-à-vis de l'Autriche dix ans après, lorsqu'il faudra signer la paix, et ce sera un grand malheur pour l'Europe — mais, de cela, il sera temps de parler plus tard.

Pour l'heure, il se contente de désapprouver la politique de François-Joseph qui a décidé en 1908 l'annexion de la Bosnie et de l'Herzégovine à l'Empire. Un acte qui fait de la Russie l'ennemie irréconciliable des Autrichiens.

Pourtant, Clemenceau ne croit pas à une guerre prochaine : « Je crois que l'équilibre européen peut être maintenu », confie-t-il à Berta. C'est donc plein d'optimisme qu'il s'embarque, en juin 1910, pour l'Amérique du Sud où il va donner une série de conférences.

Jaurès avait été pressenti pour cette tournée. Il s'est dérobé. Clemenceau a accepté. D'abord, il aime voyager. Ensuite, les honoraires proposés sont considérables, et il vient tout juste de liquider ses dettes. On sait qu'il a investi sur place 100 000 francs-or, qui furent rapatriés en 1920-21 sans perte de capital, et même avec un appréciable bénéfice [37].

De ce voyage qui le conduisit en Argentine, en Uruguay, au Brésil, tous pays où il fut reçu comme un prince, il reste diverses traces, à commencer par ses propres *Notes de voyages* publiées en feuilleton par *l'Illustration*, longs récits colorés et bourrés d'informations.

Sur la recommandation de son médecin, il est parti accompagné par un jeune interne, le docteur Ségard, chargé de veiller sur une prostate qui fait un peu trop parler d'elle.

Les conférences de Clemenceau — il allait en faire neuf — avaient été soigneusement préparées par ses collaborateurs habituels, mais le docteur Ségard s'aperçut avec étonnement que le Tigre parlait sans notes, consultant à peine d'un coup d'œil un bout de papier où figuraient un chiffre, une citation. Dans le plan qu'il avait rapidement tracé le matin, de longues parenthèses s'ouvraient, des digressions où s'engouffrait sa verve. « Il parlait en marchant de long en large, tantôt les mains derrière le dos, tantôt la main à la poche, d'une voix un peu âpre, martelée, tranchante même pour ajouter le cas échéant à la netteté d'un raccourci. Dès que l'idée s'élevait, la voix devenait chaude, émue, prenante, allant au maximum de l'effet [38] ».

Ses auditoires sont transportés.

Mais, pour cause de prostate, le docteur Ségard lui interdit de faire du cheval dans la pampa. Il se soumit et il fit bien.

À peine rentré en France, en route cette fois vers le Var, il doit s'arrêter à Valence, tant il souffre. On le transporte dans une clinique de la ville, puis à Paris. Il ne veut pas rester dans cet état d'infériorité, il préférerait mourir ; il décide de se faire opérer. Il écrit à Monet : « Je vais mieux, mais il faut que je me fasse donner un coup de couteau dans un mois. »

Ce coup de couteau, c'est le docteur Gosset qui le donnera, assisté par un urologue espagnol, le docteur De Sard. Les deux médecins ont étudié une technique nouvelle conçue par un chirurgien anglais, Freyer, et baptisée prostatectomie. Il s'agit à l'époque d'une opération hardie. Elle a lieu dans la clinique de la rue Georges-Bizet, tenue par des religieuses.

Le Tigre chez des religieuses ! L'une d'elles, qui le soigne, sœur Théoneste, résistera victorieusement à ses taquineries. L'ironie de Clemenceau glisse sur cette excellente femme qui lui répond du tac au tac. Elle a Dieu pour elle. Le malade et son infirmière resteront dans les meilleurs termes.

Deux mois après l'opération, Clemenceau écrit à une chère amie anglaise, Violette Maxse Cecil : « Dès que j'aurai retrouvé mes forces, Dieu sait — et même le sait-il ? — ce que je suis capable de faire. Je viens de lire une statistique de Freyer où il raconte qu'un de ses malades a passé des mains de l'opérateur à celles d'un clergyman qui l'a très bien marié. Il paraît que c'est le complément nécessaire du traitement. Je vous délègue le soin de cette affaire. »

En fait, il se remet lentement. Il lance des boutades : « Les deux choses les plus inutiles du monde sont la prostate et le président de la République. » Il s'occupe de ses fleurs. Il pose pour Rodin auquel les Argentins ont commandé un buste du grand homme pour lui en faire don. Rodin lui dit : « Il faut leur faire payer ça le plus cher possible... » Le Tigre a été choqué. Il n'aime pas Rodin : « Il était bête, vaniteux, et il aimait l'argent [39]. » Et il détestera ce buste, « celui d'un chef, d'un être déjà légendaire, avec sur la face pétrie de pensée et d'action en puissance, une lassitude triste, la finesse désabusée d'un vieux philosophe chinois [40] ».

« Dame ! s'exclamait Rodin, Clemenceau c'est Tamerlan, c'est Gengis Khan ! »

Le modèle refusera son buste.

Poincaré est bête !

En ces mois de retraite, il a pratiquement disparu de la scène politique. On ne le voit plus au Sénat, il n'a plus de journaux, et quand Jaurès l'accuse, dans un discours de juin 1911, de n'avoir pas su créer dès 1885 un grand parti radical, il peut lancer : « L'homme seul est fort qui est un homme seul, disait-il en citant Ibsen. Un beau jour, il est revenu parmi vous, et il est revenu vous administrer, vous gouverner, et un autre jour, sans qu'on ait su au juste pourquoi, la comète a recommencé son cours et a disparu dans les profondeurs d'où elle était partie », ponctuant son silence de « quelques boutades trimestrielles... ».

Mais, soudain, voilà que Clemenceau rugit à propos d'une affaire concernant une fois encore le Maroc.

Caillaux, président du Conseil, a conclu le 4 novembre 1911 un traité aux termes duquel l'Allemagne laissait les mains libres à la France. En échange de quoi elle recevait une large part de l'Afrique équatoriale française, mais nous cédait près du lac Tchad, une petite région baptisée « Bec de Canard ». On ne sait comment Clemenceau fut informé que Caillaux avait utilisé un agent secret dans les négociations, à l'insu de son ministre des Affaires étrangères. Toujours est-il qu'il fonça. Caillaux dut démissionner. Raymond Poincaré lui succéda, président du Conseil pour la première fois.

Clemenceau allait-il renouer avec son rôle de tombeur de ministères ? Non. Il déclara qu'il soutiendrait le nouveau cabinet et voterait la ratification du traité franco-marocain.

Pourtant, il n'aimait pas Poincaré et le jugeait durement. Il lui avait consacré quelques années plus tôt un éditorial cinglant : « M. Poincaré (...) fut longtemps un des jeunes prodiges de la République nouvelle. Comme la plupart des jeunes prodiges, il n'a rien fait de prodigieux, bien que l'âge commence à grisonner ses tempes. Ce n'est pas le désir qui lui a manqué, je suppose, ni les moyens, car il compte par l'intelligence, la culture, les dons de l'orateur, au premier rang de nos politiciens. Le caractère seulement lui a fait défaut, avec la petite flamme d'idéal qui meut les hommes et les jette aux nobles périls (...). Autrefois, la jeunesse était audacieuse, ardente. Aujourd'hui, les enfants viennent au monde desséchés de sagesse (...), fatigués avant d'avoir agi. » Et il concluait : « M. Poincaré nous apparaît surtout comme la personnalité la plus remarquable de la jeune génération de bourgeoisie. »

Sur quoi, accablé par tant de gentillesses, Poincaré, à l'époque, avait refusé d'appartenir au gouvernement Clemenceau.

Curieux homme, ce Poincaré. Ambitieux, froid, sec, menant sa carrière méthodiquement, consacrant des lignes émues, dans ses onze livres de *Souvenirs*, à la mort de son chat Grisgris — « cette douleur privée m'étreint le cœur » —, mais ne trouvant pas un mot d'émotion sur les morts de la guerre. « Il a le lyrisme de Larousse », disait Clemenceau.

Mais le plus grave, entre Poincaré et le Tigre, restait encore à venir. Il s'agissait de désigner le successeur d'Armand Fallières à la présidence de la République. Un seul candidat radical-socialiste était en lice, avec l'appui vigoureux de Clemenceau : le richissime sénateur Pams.

Intrigues et manœuvres d'usage : trois votes indicatifs successifs donnèrent à Pams la majorité face à Poincaré. Celui-ci fut prié de se retirer, mais refusa. Et, le jour du vote définitif émis par le Congrès réuni à Versailles, se retrouva président de la République grâce aux voix modérées.

C'était la première fois depuis 1879 qu'un président de la République était élu contre la volonté de Clemenceau. Le Tigre en fut mortifié et furieux. « Poincaré est bête », répétait-il. Ce qui n'était ni gracieux, ni exact.

Il n'est pas contestable que sa façon de traiter ses antipathies personnelles comme si elles mettaient en cause des principes fondamentaux — on l'a vu avec Jules Ferry — était chez lui une faiblesse constante. Il ne sut jamais la surmonter.

L'ironie de l'histoire voulut que Poincaré et Clemenceau, qui ne pouvaient pas se supporter l'un l'autre, durent s'apparier plus tard, au plus fort de la guerre. Ils le firent sans revenir sur leurs sentiments réciproques. Par patriotisme.

En mai 1913, le projet de loi portant le service militaire à trois ans ayant provoqué des mutineries parmi les appelés, Poincaré, inquiet, convoqua Clemenceau à l'Élysée. Si la Chambre venait à renverser le gouvernement Barthou sur cette question des trois ans, il ne choisirait pas pour lui succéder Caillaux, mais lui, Clemenceau, l'informe-t-il.

> Clemenceau me déteste, note Poincaré dans ses *Souvenirs*. Il ne me pardonne pas d'avoir passé outre à son veto quand j'ai déclaré ma candidature à la présidence de la République. Et, depuis lors, il ne cesse de m'attaquer, de me ridiculiser, de me représenter comme le prisonnier de l'Église et de la réaction. Mais, avec ses énormes défauts d'orgueil et de jalousie, de rancune et de haine, il a une qualité dont Caillaux est dépourvu : il a, au plus haut degré, la fibre nationale, il est patriote comme les Jacobins de 1793.

Encore un journal

Clemenceau a accepté de venir le voir à condition que sa visite soit officiellement annoncée. La conversation dura cinquante minutes. Selon Poincaré, elle fut froide mais « franche, très franche. Elle a établi le contact personnel entre nous. Il m'a déclaré notamment que si une crise dangereuse au point de vue national venait à s'ouvrir, je pourrais compter sur lui pour former un cabinet. »

Mais les choses n'en sont pas là. Pour l'heure,

un rapport de police indique : « En un mot, M. Clemenceau est tout prêt à reparaître et à s'offrir si on veut de lui. Il est d'ailleurs tout à fait rétabli et son opération l'a remis, dit-il, en pleine forme physique et morale. » Il ne lui manque que ce sans quoi il ne saurait vivre longtemps : un journal.

Il avait bien *le Journal du Var*, dont s'occupait Georges Mandel, à l'insatisfaction d'ailleurs de Clemenceau, mais ce qu'il lui fallait, c'était un organe parisien où il pourrait comme autrefois prendre la plume tous les jours. Ce fut *l'Homme libre*, dont le premier numéro parut le 6 mai 1913.

Installé dans des locaux modestes de la rue Taitbout, doté d'une maigre rédaction et de collaborateurs extérieurs brillants, parmi lesquels Francis Carco, Henri Duvernois, Roland Dorgelès, *l'Homme libre* renouait avec la tradition de *la Justice*. Et, au surplus, on y parlait largement de sports !

On ignore où Clemenceau trouva les fonds nécessaires à ce nouveau journal. Selon certains, auprès d'un courtier en publicité, Alphonse Lenoir. Selon des rapports de police, il aurait reçu l'appui d'un groupe anglais, mais il ne s'agit là que de rumeurs parmi d'autres non moins incontrôlables.

En tout cas, *l'Homme libre* trouva immédiatement sa place parmi les journaux d'influence. Clemenceau y fit vigoureusement campagne pour la loi prolongeant le service militaire à trois ans, vivement combattue par les socialistes et l'aile gauche des radicaux. Jaurès préconisait alors de remplacer l'armée française par des milices de citoyens. Clemenceau écrit : « Quand j'entends dire que nous devrions vivre en paix avec nos voisins, j'en suis d'accord... Mais n'oublions pas qu'il faut être deux pour faire la paix. La grande erreur des socialistes révolutionnaires est de se croire supérieurs au reste de l'humanité parce qu'ils ne sont pas prêts à plier leur idéologie devant les irréductibles réalités de la nature humaine. »

Le 28 juin l'assassinat de l'archiduc autrichien Ferdinand à Sarajevo fait l'objet, dans *l'Homme libre*, d'une simple information. Le premier éditorial de Clemenceau à ce sujet est publié le 1ᵉʳ juillet. Intitulé « En route vers l'inconnu », il indique que le Tigre perçoit parfaitement le rôle de l'idée panserbe, mais, peut-être sous l'influence de Berta, fait confiance à l'Autriche-Hongrie : « Dans le redoutable champ de contestations toujours renaissantes, la personne de François-Joseph est une garantie de paix. » En d'autres termes, il n'a rien vu venir. Mais qui a vu ?

L'extraordinaire, dans la conflagration de 1914, c'est que personne ne l'a vraiment désirée. Quand tout fut consommé, Bülow demanda au chancelier d'Allemagne, Bethmann-Hollweg : « Enfin, que s'est-il passé ? — Je ne sais pas, répondit le chancelier. Je n'y ai rien compris. »

Peut-être parce que c'était incompréhensible, rigoureusement irrationnel, si l'on peut dire. Une vraie pulsion de mort...

Dans les faits, une poignée d'étudiants serbes affiliés à une société secrète qui bénéficiait de la complicité du gouvernement serbe au niveau de l'état-major, a assassiné l'archiduc Ferdinand. L'Autriche a répondu par un ultimatum à la Serbie, la sommant d'avoir à révoquer ses fonctionnaires et à accepter la participation de la police autrichienne à la recherche des complices. La Serbie a refusé ce dernier point qu'elle considérait comme une atteinte à son indépendance.

À partir de là, un engrenage diabolique s'est déclenché. De la première grande boucherie du siècle, on pourrait presque dire qu'elle s'est engagée par inadvertance.

Le 28 juillet, l'Autriche déclare la guerre à la Serbie. Sur quoi, la Russie mobilise. Les Anglais proposent leur médiation. L'Autriche refuse, persuadée qu'elle va mener une guerre locale et que la Russie ne bougera pas. En Allemagne, le chancelier Bethmann-Hollweg déclare qu'il ne veut pas « laisser l'Autriche en plan ». Le 31 juillet, l'Allemagne mobilise contre la Russie et lance un ultimatum à la France : elle réclame Toul et Verdun ; puis elle déclare la guerre à la Russie, déclare la guerre à la France, viole enfin la Belgique. En retour, l'Angleterre déclare la guerre à l'Allemagne. C'est l'embrasement.

L'Allemagne croyait à une opération de police un peu rude et à une mise hors de combat rapide de la France. Elle a inconsidérément entraîné l'Angleterre dans la guerre en violant la neutralité de la Belgique. Pas un des belligérants qui n'ait cru que ce serait une affaire de semaines. C'est la seule excuse — s'ils en ont une — des quelques boutefeux qui dominaient les états-majors. Moltke en Allemagne, Ianouchkievitch en Russie, von Hoetzendorf en Autriche. Pas un qui ait eu la prescience de la tragédie où il s'engageait...

Curieusement, c'est chez Raspoutine qu'on trouve un peu de raison contre ceux qui comptent sur une guerre pour sauver le trône des Romanov. Mais il sera assassiné.

Accumulation de faux calculs et de chimères... On pense à la forte formule d'Emerson : « L'Histoire est pleine de l'imbécillité de rois et des gouvernants. C'est une classe de gens à plaindre, car ils ne savent pas ce qu'ils doivent faire. »

À plaindre ? On s'épargnera la compassion.

Nul n'exerce jamais le pouvoir sans l'avoir voulu. Le drame est que les capacités nécessaires pour y accéder ne sont pas les capacités nécessaires pour gouverner avec clairvoyance, avec détermination, avec courage. Celles dont Clemenceau, à son heure, va faire la démonstration

10

Mourir n'est rien. Il faut vaincre

« Une casquette à carreaux sur l'oreille, il est étendu sur un large divan où, depuis son opération, il s'allonge après ses repas pendant une heure ou deux ; mais si le repos le prive du mouvement dont il accompagne habituellement son éloquence, il garde intacte l'énergie du geste et le feu du regard ; il secoue ceux qui mollissent, il rabroue ceux qui doutent, il invective ceux qui dirigent[41]. »

À Berlin, Guillaume II est abattu, désemparé. Bülow, le rencontrant, est bouleversé devant « sa pâleur, son air hagard. Il a vieilli de dix ans... »

À Bruxelles, Jaurès croit encore à l'union du prolétariat international pour écarter « l'horrible cauchemar ». Quinze mille personnes se rassemblent pour l'acclamer. Il salue le pacifisme du gouvernement français.

À Paris, Raymond Poincaré a bonne conscience. Il note dans ses souvenirs : « Non,

non, aucun des hommes politiques français n'a rien à se reprocher. » Même pas de n'avoir pas su freiner les Russes ?

On ne saura jamais ce que furent au juste les entretiens de fin juillet entre le tsar et le président de la République française. Selon l'historien Jules Isaac, l'Allemagne et l'Autriche furent surprises de la promptitude avec laquelle le gouvernement français accepta le cours des événements. La meilleure spécialiste de cette période, Barbara Tuchman, est sévère pour la précipitation avec laquelle Raymond Poincaré est entré dans la guerre. Comme on saute dans un gouffre : fasciné...

Le 31 juillet, Jaurès est assassiné par Raoul Villain, un esprit faible et intoxiqué par l'exaltation nationaliste qui croit faire acte de patriotisme.

Le 2 août, le tocsin sonne dans les villages, les journaux annoncent la mobilisation générale.

Dans le pays, celle-ci est accueillie gravement. Les manifestations d'enthousiasme dont la petite histoire a retenu le récit sont des faits isolés. Simplement, puisque la France est victime d'une agression, il faut faire son devoir et riposter. Chacun le fera.

Sur la tombe de Jaurès, Jouhaux, le leader de la CGT, proclame le patriotisme des ouvriers et « leur volonté de repousser l'agresseur », il crie sa haine de la guerre, du militarisme, de l'impérialisme, mais désigne les responsables du conflit : les empereurs d'Allemagne et d'Autriche-Hongrie : « Nous prenons l'engagement de sonner le glas de votre règne ! »...

Le ralliement, voulu par Jaurès, du Parti socialiste à la défense nationale, est sans ambages. Celui de la CGT aussi, la centrale participe à la vague qui soulève le pays.

Au Parlement, qui n'a pas été consulté avant la mobilisation, députés et sénateurs écoutent debout le message du président de la République : « La France aura pour elle le droit dont les peuples non plus que les individus ne sauraient impunément méconnaître l'éternelle puissance morale. Elle sera héroïquement défendue par tous ses fils dont rien ne brisera devant l'ennemi l'union sacrée. »

Union sacrée : la formule fera fortune.

Clemenceau est bouleversé. Dans *l'Homme libre*, il cède au romantisme : « Et maintenant, aux armes ! Tous ! J'en ai vu pleurer qui ne seront pas des premières rencontres... Il n'y aura pas un enfant de notre sol qui ne soit pas de l'énorme bataille. Mourir n'est rien. Il faut vaincre. »

Une idée à laquelle il n'est pas près de renoncer.

Les Français, toutes classes confondues, ne

sont pas loin de penser comme lui. Il faut vaincre. Le sentiment national est profond. On s'attendait à 15 % de désertions. Il n'y aura pas 2 % de réfractaires.

C'était une autre époque, écrit François Furet [42]. Les peuples qui sont entrés dans la guerre de 1914 ne sont pas encore ces peuples démocratiques décrits d'avance par Benjamin Constant ou Auguste Comte, et que nous voyons vivre sous nos yeux dans l'Europe riche de cette fin de siècle, mettant la vie humaine au-dessus de tout, préférant les plaisirs du bien-être aux servitudes militaires et la poursuite de la richesse à la grandeur inutile du sacrifice. Les soldats qui partent se battre les uns contre les autres en août 1914 n'aiment pas trop la guerre. Mais ils la respectent à la fois comme une fatalité inséparable de la vie des nations et comme le terrain du courage et du patriotisme, le test ultime de la vertu civique. Au surplus, ils n'ont pas une existence civile si confortable qu'ils refusent d'avance les aléas et les peines du soldat comme insupportables. Ces paysans, ces artisans, ces ouvriers, ces bourgeois ont été élevés, en famille et à l'école, comme des patriotes. Ils appartiennent à une civilisation morale qui conserve beaucoup de traits aristocratiques à l'intérieur de la démocratie. L'héroïsme militaire a trouvé une justification nouvelle dans le service de la nation.

Un monde quasiment inintelligible pour des jeunes gens d'aujourd'hui.

En quelques jours, l'Europe s'est couverte d'hommes en armes comme cela ne s'était encore jamais vu dans son histoire. Sur la voie d'un holocauste sans précédent, le train est lancé. À la fin de 1914, la France seule comptera déjà 300 000 morts.

Rappelons pour mémoire ce que furent les premières semaines de la « Grande Guerre ». L'Allemagne lance d'abord son effort contre la France, envahit la Belgique, passe devant Paris sans essayer de s'en emparer, et manque d'encercler l'armée française. Celle-ci réagit, c'est la bataille de la Marne, et oblige les Allemands à se retirer sur des positions préparées à l'avance, tandis que les deux adversaires essaient en vain de se déborder l'un l'autre par le nord. Le conflit va désormais consister en une sanglante « guerre des tranchées ». Ni les tentatives de rupture par la France en Champagne et en Artois, par les Anglais sur la Somme, ni les tentatives de diversion aux Dardanelles, à Salonique, ni la « guerre d'usure », ni Verdun (trois cents jours et nuits d'affrontements, 770 000 morts et blessés allemands et français confondus), ni les alliances nouvelles (la Turquie, l'Italie, la Roumanie, le Portugal), ni la défection russe ne modifieront une situation qui laissera, au début de 1917, les deux camps exténués. Saignés.

L'homme enchaîné

Comment Clemenceau a-t-il vécu ces longs mois de carnage ?

Au début de septembre 1914, devant l'avancée allemande, le gouvernement Viviani s'est réfugié à Bordeaux. Poincaré est parti en train, son petit chien sur les genoux. Bordeaux grouille de députés, de sénateurs, de personnalités qui se la coulent douce, comme on dit alors, et font ripaille au *Chapon fin* pendant que les « poilus », au front, se font tuer.

Clemenceau, qui est arrivé de Paris en voiture avec l'un de ses amis, le roi des céréales, Louis Louis-Dreyfus, est au comble de l'exaspération. Il s'installe dans un petit appartement, cours Saint-Jean, et organise la rédaction (à Bordeaux) et l'impression (à Toulouse), sur les rotatives de *la Dépêche du Midi*, grand journal radical, de *l'Homme libre*.

Mais, dès le 29 septembre, le journal est suspendu par le ministre de l'Intérieur, Malvy. Motif : un article au picrate. Des blessés dégageant une odeur affreuse ont été débarqués d'un train. On les a fait voyager dans des wagons non désinfectés qui avaient transporté des chevaux. Des cas de tétanos se sont déclarés. Le Tigre éructe. *L'Homme libre* est saisi !

Tandis que Clemenceau fulmine, son petit-fils, Georges Gatineau, prend l'initiative de faire vendre le numéro interdit à la criée. En représailles, Malvy fait suspendre le journal du 29 septembre au 7 octobre. Aussitôt, Clemenceau lui donne un autre titre : *L'Homme enchaîné*, et le remet en circulation.

Ce jeu de cache-cache avec une censure bête et butée, qu'il abomine, il va le mener jour après jour sans jamais céder, expédiant par la poste à tous les parlementaires ses articles interdits.

Son petit-fils est un mauvais garçon qui lui donne du fil à retordre, mais qui a des idées. Il n'est pas encore en âge de combattre, sinon Clemenceau ne supporterait pas qu'il soit un jour de plus hors de l'armée. Il l'obligera à s'engager dès qu'il aura l'âge requis. Sa fille Madeleine, qui l'a accompagné à Bordeaux, s'est faite infirmière à la Croix-Rouge. Son frère, Albert, est affecté à cinquante-trois ans à la direction des étapes dans l'armée Foch. Les deux frères s'écrivent presque chaque jour. Son fils, Michel, lieutenant interprète, a été blessé à la fin d'août 1914 ; il retournera au front sitôt rétabli. Ce fils a le même caractère entier que son père, ce qui n'a pas toujours facilité leurs relations. Ils se sont brouillés après une sombre affaire dans laquelle un associé de Michel Clemenceau a été inculpé d'escroquerie. Mais la guerre les a réunis et jetés dans les bras l'un de l'autre. Michel fera, comme on dit, une belle guerre.

Enfin Poincaré, malgré l'opposition de Joffre, remonte à Paris en décembre 1914. Tout le monde le suit. Clemenceau écrit à son secrétaire qu'il va rentrer à son tour, en voiture, et s'arranger pour faire un crochet par Giverny. « Si Geffroy peut être de la fête... »

La guerre dure maintenant depuis quatre mois, contre toutes les prédictions des experts qui l'avaient annoncée courte. Désordres, gâchis, absurdités de tous ordres se poursuivent de plus belle. Déjà Clemenceau fourbit ses armes. Il va agir à travers les commissions de l'Armée et des Affaires étrangères dont il deviendra président en 1915. Il va dénoncer dans *l'Homme enchaîné* les vices fondamentaux du système, la reprise des querelles politiciennes, la médiocrité des responsables, la tendance à remplacer l'action par des phrases, et surtout la censure, la propension à cacher la vérité aux Français considérés comme mineurs. « J'avertis doucement, écrit-il, qu'on n'aura pas raison de moi.. »

Il enrage de ne pas tenir la barre, s'en prend à Poincaré et aux membres du gouvernement comme à des ennemis personnels : « Ces gens-là me font déjeuner d'une colère et dîner d'une rage. »

Il rejette l'invitation de Viviani d'entrer dans son gouvernement remanié. Viviani rapporte leur conversation à Poincaré : « Il n'acceptera que la présidence du Conseil, dit-il. Je la lui céderai bien volontiers, monsieur le Président, si vous en exprimez le désir. » Mais Poincaré n'est pas encore mûr pour un tel effort et répond : « Il serait capable de confondre l'impulsion avec l'énergie. »

C'est au tour de Malvy de venir, rue Franklin, lui proposer, de prendre, à sa place, le portefeuille de l'Intérieur. Clemenceau écarte cette offre jugée dérisoire et reproche à Malvy de n'avoir pas fait arrêter les milliers de suspects, antimilitaristes inscrits au « carnet B », c'est-à-dire recensés par l'Intérieur. Malvy tente d'expliquer qu'une telle mesure aurait brisé l'unanimité nationale. « Allez-vous-en ! rugit le Tigre. Vous êtes un criminel ! »

Au sein de la commission sénatoriale de l'Armée, il va obtenir, imposer plutôt un véritable contrôle parlementaire servant enfin de contrepoids à l'omnipotence abusive du Grand Quartier Général. Ce contrôle devait porter non sur les opérations militaires, mais sur l'« administration de la guerre », et se proposait de contraindre le gouvernement à réparer ses erreurs. Il allait, sur certains points, se révéler fécond. « Nous avons fini par nous faire écouter », put déclarer un jour Clemenceau.

Sans cesse il réclame des ministres un « pouvoir efficace » auquel le généralissime Joffre devrait se soumettre le premier. L'immobilisme du général le rend fou : « Il ne suffit pas d'un képi galonné pour transformer un imbécile en homme intelligent », lancera-t-il à la commission des Armées.

Abel Ferry, le neveu de Jules, ministre des Armements, a décrit l'état d'esprit dans lequel lui-même se trouvait le jour où il dut aller supplier le ministre de la Guerre « de sauver la France. Je lui dis les atroces heures que j'avais vécues, l'attaque de la cote 233, Les Éparges inutiles, les gens jetés sur les fils de fer intacts, l'absence d'organisation de notre front, l'ignorance où est le haut commandement de la ligne de feu, l'étrange conception d'attaque qui oscille entre la surprise sans préparation et la préparation sans surprise... ». Periode affreuse d'impéritie où Clemenceau aboie comme un chien de garde aux créneaux de la nation, hurlant dès qu'il a flairé une faute, une défaillance, une bêtise.

Le boche qui tousse

Enfin, il a la joie d'obtenir le droit de se rendre au front en qualité de président de la commission de l'Armée, et « d'aller où bon lui semble sans que les gens en fussent avertis ». Ces visites vont constituer les premiers éléments de sa légende

Les hommes des tranchées voient donc surgir le vieillard à la grosse moustache, avec son chapeau cabossé, son écharpe de laine, ses gants gris, sa canne. En janvier 1916, il a soixante-quatorze ans, il rampe jusqu'au poste le plus avancé de la région de Commercy. Il interpelle un guetteur qui, d'un coup de poing, lui coupe la parole en soufflant : « Ferme ça ! Tu n'entends pas le boche qui tousse ? »

Il est ravi. « Son charme n'a jamais opéré sur les ouvriers, ni sur les habitants des campagnes, moins encore sur la bourgeoisie. Certes, on l'a couvert d'applaudissements, la Chambre s'est maintes fois couchée à ses pieds comme une bête domptée. Mais le miracle qui rend un personnage populaire, qui fait passer entre la foule et lui un fluide mystérieux, ne s'était pas encore produit. Il éclate soudain dans l'univers des humbles héros, des martyrs anonymes que sont les poilus. Ces hommes mécontents, gouailleurs, toujours prêts au sacrifice, à qui Poincaré ne sait pas dire un mot, découvrent ce qu'ils espèrent d'un représentant de la nation dans la hargne, la vaillance, l'indomptable certitude, l'émotion contenue d'un septuagénaire [43]. »

De telles visites au front, il en fera encore et encore, il les multipliera lorsqu'il sera à la tête du gouvernement.

Ce jour-là, son rapport à la commission montre qu'il n'a rien négligé pendant son inspection, depuis la qualité de l'ordinaire jusqu'aux malfaçons des masques à gaz.

Entre-temps, sa guérilla avec la censure continue.

Jean Martet, devenu son secrétaire en 1915, a laissé des descriptions pittoresques et détaillées de la façon dont le Tigre travaille alors. Il le trouve, le matin, enveloppé dans sa robe de chambre, les pieds dans de grosses pantoufles, grommelant parce qu'il n'a pas dormi et attaquant aussitôt, après un petit tour dans le jardin.

« Dans la région d'Arras, il y a un général qui est fou : ce qui s'appelle fou ! Il jette ses gens sur l'ennemi sans préparation d'artillerie ! On lui a demandé : "Pourquoi faites-vous ça ?" Réponse : "Ça entretient le moral de la troupe..." Ce que je voudrais être mort ! Comme on doit être bien dans le néant ! Pas de Millerand ! Pas de Viviani ! »

Puis il reçoit des sénateurs, des députés, des Anglais, des soldats... Pendant ce temps, Martet dépouille son courrier. Il en donne cette classification :

1. Les lettres d'injures sans menaces de mort.
2. Les lettres d'injures avec menaces de mort.
3. Les lettres d'inventeurs.
4. Les lettres des Varois, tous candidats à quelque chose.
5. Les lettres de fous.
6. Les lettres d'officiers qui avaient un plan génial pour bouter les Allemands hors de France.
7. Les lettres d'officiers qui réclament des grades, des croix.
8. Les lettres où l'on dénonçait les embusqués : les Français et surtout les Françaises en voyaient partout.
9. Enfin, les lettres qui ne proposaient rien et ne demandaient rien, écrites par d'humbles gens pour soulager leur cœur.

Le soir, Martet retrouve Clemenceau dans les bureaux de *l'Homme enchaîné*, rue Taitbout :

> M. Clemenceau arrivait au journal assez tard dans l'après-midi. Il sortait du Sénat où les commissions se réunissaient presque tous les jours. Il était d'une humeur épouvantable (...). Il entrait le melon en bataille et la première chose qu'il apercevait, c'était, devant la chemi-

née, le pare-feu en cuivre. Alors il se dirigeait tout droit vers ce pare-feu et, d'un coup de pied où il mettait toute sa force et toute sa fureur, il l'envoyait valser au travers de la pièce, sans un mot (...).
Pourquoi M. Clemenceau s'en prenait-il rituellement à ce pare-feu ? Car j'ai assisté vingt fois à la même opération.
Parce que 1) C'était une barrière — M. Clemenceau n'aimait pas les barrières. 2) C'était, ce coup de pied, une admirable façon de se détendre et de se soulager. Il eût sans doute préféré flanquer le coup de pied dans le ministère (...). Mais il faut se contenter de ce qu'on a.
Il trouvait chaque soir, sur son sous-main, les sept ou huit feuillets d'épreuves, une plume d'oie ébarbée, un encrier d'encre bleu-vert, un sablier — car M. Clemenceau avait pour le papier buvard un mépris total, il séchait son encre avec une sorte de poudre rougeâtre qui ne séchait rien du tout, ou mieux, il laissait son encre sécher toute seule, étalant les feuilles les unes après les autres sur toute la surface de la table [44].

En 1917, *l'Homme enchaîné* diffuse 45 000 exemplaires et continue de faire un tintamarre du diable.

L'heure de Georges Clemenceau va enfin sonner.

11

Pacifisme, défaitisme, trahison

À l'automne de 1917, selon une thèse qui ne trouve aujourd'hui plus guère de défenseurs, la paix eût été possible dans des conditions satisfaisantes pour la France, c'est-à-dire lui accordant la récupération de l'Alsace et de la Lorraine.

Selon les mêmes, c'est Poincaré qui, par son obstination, l'aurait fait échouer en écartant « l'homme de la paix », Joseph Caillaux — et même en l'accusant de trahison — et en confiant le gouvernement à celui qui voulait la victoire militaire, Clemenceau.

Caillaux a toujours soutenu qu'il avait eu une « attitude irréprochable », mais que Poincaré avait choisi entre deux attitudes : une « politique de négociation armée », la sienne, et la « guerre à outrance excluant aveuglément toute conversation ». Que se serait-il passé si Poincaré l'avait désigné de préférence à Clemenceau ? Imprévisible.

Assurément, Caillaux n'était pas un « traître » ordinaire, vendu de quelque manière que ce fût aux Allemands, mais un homme froid, un homme de chiffres, étranger au sentiment national profond qui animait les Français. Selon la formule de Barrès, « il a inventé une nouvelle espèce de trahison : c'est un manque de foi dans son pays. C'est l'homme qui ne croit pas à la vertu de sa mère. Il y a du parricide dans son cas [45]. « Mais un tiers des députés le soutenaient, qui voulaient la paix. Qu'aurait-il été capable de négocier ? Quelle amputation ? Quels renoncements ? Avec quelles conséquences ? On ne réécrit pas l'Histoire. Simplement, on sait aujourd'hui, tous les documents le confirment, que jamais les Allemands n'envisagèrent de rétrocéder l'Alsace-Lorraine, jamais ! Ils n'étaient prêts qu'à une paix consacrant leur victoire, et les nombreuses négociations secrètes qui eurent lieu au cours de 1917 achoppèrent sur cette détermination. Échoua également, sur une maladresse, une tentative autrichienne d'obtenir une paix séparée.

Au début de l'année, le Président des États-Unis, Wilson, s'en est mêlé. Réclamant que soient énoncés les « buts de guerre », il a proposé la « paix sans victoire ». Les Allemands répondirent follement par la guerre sous-marine totale et la déclenchèrent dès le 1er février. « Accordez-nous deux mois, avait fait dire Bethmann-Hollweg à Wilson. Dans trois mois, nous aurons gagné la guerre. »

« Au moment où il était en train de refaire l'Europe dans le moule de son pacifisme, sans tenir compte des siècles d'histoire, M. Wilson au plus beau de sa prédication d'idéalisme, a reçu de nos boches un violent coup de poing entre les deux yeux », commenta Clemenceau.

C'est bien ainsi que Wilson le prit. Le 3 février, il rompit les relations diplomatiques avec l'Allemagne. Le 3 avril, l'Amérique entrait en guerre.

Le 16, Nivelle, commandant en chef des forces françaises, lança l'offensive du Chemin des Dames, au nord de Reims. Terrible opération, arrêtée, puis reprise, coûtant un prix effroyable en vies humaines, sans emporter la décision. Malgré la résistance de Poincaré, le président du Conseil, le pauvre Paul Painlevé, mathématicien respectable entre tous, mais peu fait pour gouverner, nomma Pétain généralissime. « J'attendrai les Américains et les chars d'assaut », déclara Joffre.

Attendre... Mais pourrait-on attendre ?

Entre-temps, la Révolution russe avait balayé le tsar, ce « débile tyran », et les nouveaux maîtres de la Russie, en pleine guerre civile, annoncèrent qu'ils voulaient la paix. Le front italien avait été enfoncé à Caporetto. La situation intérieure française était désastreuse : les grèves se multipliaient, les mutineries de quelques petits groupes répartis dans une soixantaine de divisions au repos éclatèrent, expliquées par la contamination de l'agitation pacifiste à l'arrière.

Quant à Clemenceau, il continuait à faire feu de tous côtés. Pacifisme, défaitisme, trahison, voilà ce qu'il voyait partout et dénonçait avec force. Il exigea que l'on réglât leur compte à toute une série d'espions, dont la danseuse Mata-Hari et l'aventurier Bolo Pacha (qui allaient être fusillés), il s'en prit à Caillaux qui avait multiplié les contacts suspects et dénonça le ministre de l'Intérieur, qui n'avait jamais su faire arrêter les espions. Attaques si violentes que Malvy fut acculé à la démission.

Le 23 juillet, toute la première page de l'*Homme libre* est consacrée à un discours de Clemenceau au Sénat sur les « menaces antipatriotiques », discours republié sous forme de brochure dès que le numéro du journal est épuisé :

« Je vous reproche de trahir les intérêts de la France ! » lance Clemenceau à Malvy, lui faisant notamment grief de sa mansuétude envers le *Bonnet rouge*, feuille anarchiste financée par l'Allemagne (dont le directeur Almereyda allait se suicider en prison), et de son refus d'arrêter les suspects inscrits au carnet B.

Ainsi Clemenceau apparaît-il comme l'homme indomptable à une opinion publique exaspérée. Est-il candidat au pouvoir ? Voici ce qu'en dit Jean Martet, son secrétaire depuis 1915 :

« Depuis des mois et des mois, les intimes de M. Clemenceau lui conseillaient d'adopter à l'égard de M. Poincaré une attitude de conciliation. Mandel le lui répétait tous les soirs à *l'Homme enchaîné* et, bien souvent, revenait le lendemain matin rue Franklin pour le lui redire. »

Martet lui donnait le même conseil :

— Je suis sûr que M. Poincaré n'attend qu'un signe de vous pour faire appel à votre concours (...). Pour l'amour de Dieu, faites-le, ce signe !
— Non, Martet, je ne ferai pas ce signe. Prenez-en votre parti. Je ne le ferai pas pour cette raison que, loin de rechercher le pouvoir, comme tous ces braves gens, j'en ai peur. J'en ai une peur atroce ! Je donnerais tout pour y échapper ! D'abord, regardez-moi et constatez que je suis foutu : soixante-seize ans, pourri de diabète (...). Secundo, je ne suis pas très sûr qu'au point où nous en sommes, nous puissions nous tirer de là... Poincaré m'offrira le pouvoir. J'accepterai. On ne peut pas refuser le pouvoir. Mais je ne l'aurai pas cherché. On n'aura rien à me reprocher : pas un clignement d'œil, pas un appel du pied. Ensuite, le pouvoir qu'on m'offrira aura ceci de spécial et de nouveau que ce sera le pouvoir — le vrai[46].

Poincaré va encore hésiter quelques semaines, consulter. Les socialistes sont frénétiquement hostiles à la formation d'un ministère Clemenceau, « un défi à la classe ouvrière et un danger pour la défense nationale ». Mais une dynamique de ralliement se met en route.

Le président de la République reçoit enfin le Tigre et écrit : « Il est engraissé. Sa surdité a augmenté. L'intelligence est intacte. Mais sa santé ? Sa volonté ? (...) Je sens de plus en plus le péril de l'aventure. Mais le diable d'homme a pour lui l'opinion des patriotes, et si je ne l'appelle pas, sa force légendaire fera la faiblesse d'un autre cabinet (...). Il croit qu'il faut mener la guerre de manière à attendre les Américains et à ne pas s'user d'ici à leur arrivée (...). Je ne lui fais aucune offre, mais je lui dis que je pourrais avoir à m'entretenir de nouveau avec lui. »

Ce sera fait dès le lendemain. Au député Franklin Bouillon qui lui a déclaré : « Un ministère Clemenceau, c'est la guerre civile », Poincaré répond : « Il faut choisir entre Caillaux et Clemenceau. Mon choix est fait. » Franklin Bouillon hait Clemenceau, qui l'a baptisé « Washington-Potage »...

Les socialistes persistent à refuser leur participation ? « Je ne veux pas courir après... », déclare Clemenceau. Et, en moins de vingt-quatre heures, il constitue son gouvernement, se réservant le ministère de la Guerre.

En fait, c'est un petit groupe de fidèles qui va gouverner la France à partir de novembre 1917. Ceux qu'il voit tous les jours : Stephen Pichon aux Affaires étrangères, Édouard Ignace qui suit de près, à la Justice militaire, les affaires de trahison, Jules Jeanneney, sous-secrétaire d'État à la Guerre, le général Mordacq, directeur de cabinet à la Guerre, Georges Mandel, directeur du cabinet civil, Jean Martet, secrétaire particulier. Tout va passer entre leurs mains.

En quinze jours, civils et militaires auront compris que l'heure du laisser-aller est révolue. Il n'était que temps.

12

Cette petite écriture me rend enragé !

Le 20 novembre, le Tigre prononce son discours d'investiture devant la Chambre. Il évoque en quelques mots la nation entière unie dans le combat : « Ouvriers dans les usines, femmes, vieillards et enfants labourant leurs champs, tous sont les soldats de la France. » Et il poursuit : « Des fautes ont été commises. N'y pensons plus, sinon pour les rectifier. Hélas, il y a eu aussi des crimes. Crimes contre la France qui appellent un prompt châtiment. Nous vous promettons, nous promettons au pays que justice sera faite en vertu de la loi... La faiblesse serait complicité. Nous éviterons la faiblesse comme nous éviterons la violence. Tous les coupables passeront en cour martiale. Plus de campagnes pacifistes, plus d'intrigues allemandes ! Ni trahison ni semi-trahison : la guerre. Rien que la guerre. Nos armées ne seront pas prises entre deux feux. Justice sera faite. Le pays saura qu'il est défendu. »

Et le pays l'entend.

Par un phénomène remarquable, alors qu'il n'existe aucun moyen de communication moderne, les discours de Clemenceau devant le Parlement résonnent à travers la nation et y restaurent la confiance.

Il y a là quelque chose d'inexplicable à quoi l'on mesure d'ailleurs la déchéance du Parlement. Le lieu où retentit la parole s'est déplacé, il est à la radio, dont de Gaulle a choisi de se servir à deux reprises dans des crises graves, il est à la télévision, il n'est plus là où se fait théoriquement la politique de la nation.

Mais cela ne nous dit pas par quels canaux mystérieux, en 1917, le pays était imprégné des discours de Clemenceau, pourquoi ce qu'on appelle l'opinion publique en était saisie, pourquoi, jusqu'au fond des campagnes, la voix du vieux chef était entendue.

Poincaré avait redouté, en l'appelant au gouvernement, qu'il divise le pays par une répression féroce du défaitisme et de l'agitation ouvrière. Clemenceau niait que les « leaders autoproclamés de la classe ouvrière » représentassent la majorité du prolétariat. La plupart n'en étaient pas issu, remarquait-il ; c'étaient des bourgeois déclassés. Plus tard, il devait dire à Jean Martet :

« Ces individus faisaient du bruit quand on le leur permettait. Quand vous dites "Assez", ils se taisent. Je n'ai jamais eu de problèmes avec ces gens-là. Quand Malvy nous a dit au Sénat : "Ne touchez pas au peuple ! Ce pourrait être la révolution", il se moquait de nous. Je n'ai jamais eu à les combattre. Ils se sont évanouis comme des ombres. Poincaré et Foch m'ont posé beaucoup plus de problèmes que les anarchistes[47] ! »

De fait, il y eut moins de grèves en 1918 qu'en 1917, en partie parce que les employeurs, encouragés par le gouvernement, firent un effort sur les salaires, mais aussi parce que le Tigre donna une forte publicité aux mesures de répression, tandis qu'il tenait secrets les mesures de conciliation et ses contacts avec les syndicalistes. Il autorisa la propagande pacifiste à condition qu'elle fût circonscrite aux meetings et aux réunions privées. Dans le même temps, il activa les poursuites contre Caillaux et Malvy. Ce dernier se retrouva en Haute Cour, accusé de forfaiture et condamné à cinq ans d'exil. Mais les manigances de Caillaux l'intéressaient bien davantage : « C'est un bandit, disait-il. Je ne sais pas s'il comparaîtra en Haute Cour ou en cour martiale, mais justice sera faite ! » Caillaux sera arrêté en 1918, jugé deux ans plus tard, libéré après vingt-sept mois de détention préventive, et condamné à dix ans de dégradation civique.

Caillaux jeté en prison en pleine guerre, c'était en tout cas une preuve de la détermination de Clemenceau. Il y en eut d'autres...

Pendant toute cette période, les relations entre le président du Conseil et le président de la République sont à peu près convenables. Ils sont d'accord sur le cas Caillaux, et le Tigre fait patte de velours. Mais Poincaré lui reproche de ne pas le tenir informé. « Toujours rien de Clemenceau », écrit-il. Un soir, celui-ci vient lui rendre visite ; il note :

> Il vient me faire son rapport. Il reste avec moi plus d'une demi-heure, passe en revue toutes les questions avec une grande volubilité et un non moins grand désordre. À plusieurs reprises, il perd le fil de ses idées (...). Il parle aussi très vite, touchant à tout, ne me demandant pas mon avis sur rien et ne me laissant pas placer un mot. Il s'acquitte en somme, aussi aimablement que possible, de ce qu'il considère comme un devoir officiel (...) pour me renseigner, mais non pour me consulter.

Il ne cesse de lui écrire. Clemenceau ne peut supporter ce déluge épistolaire. Confiant à Jean Martet le paquet de lettres que Poincaré lui a adressées, il dit : « Regardez ça ! Cette petite écriture me rend enragé[48] ! »

Poincaré décrit ainsi le Conseil des ministres :

Suivant une habitude décidément prise, ni Clemenceau ni Pichon ne traitent aucune affaire et ne proposent aucune solution. Le premier s'amuse cinq minutes avec des broutilles et ne dit mot des grandes questions politiques ou militaires ; le second, qui voit tous les jours Clemenceau seul à seul et qui règle tout avec lui directement, lit des télégrammes, donne connaissance de quelques réponses, mais ne demande l'avis du Conseil sur rien. Ce procédé a de graves inconvénients. Clemenceau, très impulsif, forcément absorbé par d'autres soins, connaissant fort mal beaucoup de grandes questions et pas du tout les dossiers, se fait des opinions rapides et irréfléchies, comme il lui est arrivé toute sa vie. Pichon, qui tremble devant lui, n'ose pas émettre un avis personnel. Les décisions sont prises en réalité par Clemenceau seul, sans que le gouvernement soit consulté.

L'esprit méthodique de Poincaré en est tout hérissé. En attendant, Clemenceau et les siens gouvernent. Et s'il est clair qu'aux entretiens avec le Président de la République, le Tigre préfère les contacts avec les soldats, en démocrate respectueux, cet autocrate est toujours à la disposition du Parlement. S'il n'abolit pas complètement la censure, il la réduit au minimum, soutenant obstinément que « les républicains ne doivent pas avoir peur de la liberté de la presse. N'avoir pas peur de la liberté de la presse, c'est savoir qu'elle comporte des excès ».

Les journaux les plus hostiles, tels *le Temps*, lui en rendront hommage : « Jamais M. le président du Conseil n'a voulu soustraire son gouvernement soit aux critiques de la presse, soit au contrôle du Parlement. »

Je fais la guerre...

Qu'en était-il des rapports de Clemenceau avec l'armée ?

Il avait déclaré un jour : « La guerre est une affaire trop sérieuse pour être confiée à des généraux. » C'était à peine une boutade.

« Comment voudriez-vous avoir des généraux ? disait-il à l'écrivain René Benjamin. Vous les habituez à obéir, à servir toute leur vie, tout le long de leurs grades dans une caserne ! Puis, tout à coup, vous les mettez sur un champ de bataille, et dans le bruit des canons, vous leur dites : Commandez ! Vous ne pouvez compter que sur le hasard qui, tous les deux mille ans, vous donne un monstre, Alexandre, Napoléon, ou un demi-monstre, Mangin... »

Après avoir considéré Philippe Pétain comme le moins mauvais possible, il se mit bientôt à déplorer son extrême pessimisme.

Georges Wormser, qui fut le directeur de cabinet du Tigre, rapporte ce jugement sur Pétain :

> Il n'a pas d'idées, il n'a pas de cœur, il est toujours sombre sur les événements, sévère sans rémission dans ses jugements sur ses camarades et sur ses subordonnés. Sa valeur militaire est loin d'être exceptionnelle ; il a dans l'action une certaine timidité, un certain manque de cran. Mais il a su se pencher sur le sort de la troupe, il a compris la mentalité du soldat.
> Il a été loyal vis-à-vis de moi, il a été correct dans ses rapports avec les Alliés. Il a de bonnes manières, de civil plus que de général. Il n'aime guère les intrigues et sait se faire obéir. Il prend ses précautions et reste attentif aux détails. C'est un administrateur plus qu'un chef. À d'autres l'imagination, et la fougue. Il est bien à sa place si, au-dessus de lui, se trouvent des hommes pour décider en cas grave [49].

C'est à Foch qu'ira sa confiance. Quand il veut le désigner au commandement suprême, Foch prévient : « J'ai un frère jésuite... — Je m'en fous », riposte Clemenceau.

Le 26 mars 1918, il obtiendra que Foch, audacieux, énergique, optimiste, soit nommé chef des armées alliées et associées, et jusqu'au moment où, après la guerre, les relations entre les deux hommes se dégraderont, il lui conservera son estime et son soutien.

Mutations et mesures de tous ordres prises par Clemenceau, selon le général Mordacq, ce n'est qu'à partir du 10 juin « que notre haut commandement militaire fut véritablement assuré. Il avait fallu plus de dix mois à M. Clemenceau pour arriver à ce résultat, malgré son énergie et la rapidité avec laquelle il avait coutume de résoudre les problèmes [50]. »

Le moral était redressé, l'armée commandée. Il restait à gagner la guerre...

Malgré son inébranlable optimisme, la situation était si tragique qu'il arrivait maintenant au vieux chef de douter. La France manquait cruellement d'effectifs. D'où le recrutement de 1918 en Afrique noire, et la chasse aux embusqués. Les Américains n'allaient commencer à débarquer qu'en juillet. Le traité de Brest-Litovsk entre les Soviétiques et l'Allemagne, signé le 3 mars 1917, libérait un million d'Allemands du front russe. Ceux-ci allaient déclencher contre les Anglais l'offensive que l'on attendait mais à laquelle on était mal préparé.

Le même jour, les socialistes interpellèrent Clemenceau à propos des affaires judiciaires en cours.

> Il m'est arrivé un grand malheur, dit-il, j'ai été frappé d'exclusive par M. Renaudel et ses amis. Ils ont décidé, en vertu d'une noble science dogmatique, que j'étais un danger pour la classe ouvrière. La classe ouvrière n'est pas

votre propriété, messieurs ! Les mains de M. Renaudel et de M. Albert Thomas ne sont pas plus calleuses que les miennes. J'en suis fâché pour eux, mais ils sont des bourgeois comme moi ! (...) On m'a demandé une formule : la voilà ! Elle est la même partout. Politique intérieure ? Je fais la guerre. Politique étrangère ? Je fais la guerre. La Russie nous trahit ? Je continue de faire la guerre. La malheureuse Roumanie est obligée de capituler ? Je continue de faire la guerre, et je continuerai jusqu'au dernier quart d'heure, car c'est nous qui aurons le dernier quart d'heure !

(Quarante ans plus tard, un ministre socialiste allait reprendre la formule du « dernier quart d'heure » pendant la guerre d'Algérie. Mais c'était un tigre en peau de lapin !)

Les Allemands ripostèrent trois jours plus tard en lançant leurs avions contre le ministère de la Guerre dans l'espoir d'atteindre Clemenceau. Cette nuit-là, on dénombra à Paris soixante morts et une foule de blessés. Mais le Tigre fut indemne.

« Je fais la guerre » ? Mais les troupes anglaises ne tenaient pas : « Elles se retiraient crânement, lentement, mais leur front paraissait enfoncé. » Le Conseil des ministres envisage alors le repli du gouvernement sur Tours. « Quant à nous, mon petit, dit Clemenceau à Mordacq, nous partirons bien entendu les derniers sur un avion et irons rejoindre les armées. »

Pour la première fois depuis 1914, le front était percé. C'est alors qu'au terme d'intenses discussions avec les Anglais, Clemenceau obtint que fût confiée au général Foch la coordination de l'action des armées alliées sur le front occidental.

« Eh bien, dit Clemenceau à Foch, vous l'avez, votre situation tant désirée !

— Vous me la baillez belle, répliqua Foch. Vous m'octroyez une bataille perdue et c'est tout ce que vous trouvez à me dire[51] ? »

Quoi qu'il en soit, Foch allait donner les ordres qui changeraient deux batailles — une anglaise pour les ports de la Manche, une française pour Paris — en une bataille anglo-française pour Amiens.

D'abord, la fortune changea de camp. Au soir de la journée du 30 mars, l'une des plus terribles de toute la guerre, l'ennemi éreinté s'affaissa devant la ligne alliée assise enfin du sud de Noyon à l'est d'Amiens.

Mais ce n'était pas fini. Il y eut une nouvelle attaque allemande, un nouvel effondrement anglais, des bombardements allemands sur Paris, une attaque sur le front français en direction de l'Aisne, la décision des Allemands de pousser jusqu'à la Marne. Ils étaient à Château-Thierry, à deux kilomètres de Reims...

À Paris, c'était la panique. Le Parlement réclamait la tête de Foch et de Pétain, la démission de Clemenceau. Celui-ci répondait : « Les Allemands peuvent prendre Paris, cela ne m'empêchera pas de faire la guerre. Nous nous battrons sur la Loire, puis sur la Garonne, s'il le faut, et même sur les Pyrénées, on continuera la guerre sur mer, mais quant à faire la paix, jamais ! Qu'ils ne comptent pas sur moi pour cela ! »

Trente ans plus tard, on entendra les mêmes accents et presque les mêmes mots dans la bouche de Churchill.

Enfin, le 2 juin, l'avance des Allemands est arrêtée. Le 4, leurs attaques cessent.

Vivement interpellé au Parlement, Clemenceau se montra lyrique pour défendre Foch. Et le sauva — ce dont celui-ci ne lui sut aucun gré.

Le 14 juillet commença la seconde bataille de la Marne, c'est-à-dire le début de la bataille de France qui allait, en seize semaines, assurer aux Alliés le complet triomphe des armes.

Mais comme ces huit semaines furent longues...

En plein lyrisme

Dès le 4 juillet, Clemenceau s'était remis à parcourir le front comme il l'avait toujours fait.

Il se rendit d'abord en Champagne où se situe un épisode qu'il a lui-même raconté :

> Nous étions aux monts de Champagne gardés par Gouraud et Pétain. Pas un mouvement de vie. Mais qui ne voyait pas était vu. C'est ainsi qu'à la descente, dissimulées au repli du terrain, des têtes hirsutes, poudrées à frimas par les soins de la terre champenoise, surgirent fantastiquement d'invisibles trous de mitrailleuses... Cependant, ceux d'en bas avaient eu le temps de se concerter. Et voici que s'élancent vers le visiteur d'incohérentes figures, blêmes de poussière, qui font mine de s'aligner pour le salut militaire tandis que le chef s'avance et, d'une voix saccadée : « Première compagnie, deuxième bataillon, troisième régiment ! Voilà ! » Et la rude main présente un petit bouquet de fleurs crayeuses, augustes de misère et flamboyantes de volonté... Et le vieillard, étranglé d'une émotion surhumaine, serrant de toutes ses forces une main de fer, ne savait que balbutier des paroles sans suite et jurer que ce petit faisceau de fleurs sans couleur et sans sève, gage de la plus sublime offrande d'idéal, ne le quitterait plus[52].

Clemenceau a emporté ce bouquet dans son cercueil.

Nous voici en plein lyrisme alors que la France s'est vidée de son sang, que 9 millions d'hommes sont morts, que les structures de l'Europe sont en train de s'effondrer, que la Russie explose, et que l'Amérique entre en scène... Mais ce petit bouquet dit mieux qu'un long discours ce qu'a représenté Clemenceau jusqu'au fond des tranchées. C'est pourquoi il ne fallait pas l'oublier ici.

En septembre, cependant que de durs combats se poursuivaient, il y eut des tentatives de paix, un appel de l'Autriche-Hongrie. Celui-ci fut rejeté avec mépris : « La décision militaire, l'Allemagne l'a voulue ! s'écria Clemenceau. Qu'il en soit donc comme l'Allemagne l'a voulu ! »

Et puis, brusquement, le 6 octobre, les Français apprirent que la veille au soir, le Président Wilson avait reçu par le truchement de la Suisse une demande allemande d'armistice et de paix. Échange de notes de plus en plus dur entre Wilson et Berlin. En France, il y a ceux qui souhaitent conclure un armistice et ceux qui veulent attendre la défaite totale de l'Allemagne. Parmi les « durs » se trouve Poincaré qui écrit à Clemenceau, de sa fameuse petite écriture : « Il est impossible de discuter de la possibilité d'un armistice tant que l'ennemi occupera une partie quelconque de notre territoire ou de celui de la Belgique. » Clemenceau objecte : « S'il arrive que l'Allemagne fasse des propositions, je suis d'avis qu'il ne faudra pas les repousser purement et simplement. Nos troupes sont fatiguées. » Nouvelle lettre de Poincaré : « On va couper les jarrets à nos troupes... » Le Tigre réagit vivement : « Monsieur le Président, je n'admets pas qu'après trois ans de gouvernement personnel qui a si bien réussi, vous vous permettiez de me conseiller de ne pas "couper les jarrets à nos soldats". Si vous ne retirez pas votre lettre, écrite pour l'histoire que vous voulez faire, j'ai l'honneur de vous envoyer ma démission. » Poincaré proteste. Nouvel échange de lettres. Finalement, Clemenceau retire sa démission mais demande à Poincaré de ne plus lui écrire, pour ne pas le « gêner dans la liberté d'esprit nécessaire à ma tâche de tous les jours ». Poincaré estime que « Clemenceau était aveuglé d'orgueil et que les relations devenaient impossibles avec lui ».

Enfin, après d'âpres discussions entre Alliés, Foch reçut des Allemands la demande d'armistice, leur fit lire les conditions alliées, leur donna soixante-douze heures pour accepter ou refuser. Dans la nuit du 10 au 11 novembre 1918, l'armistice était signé.

Alors, le Père la Victoire pleura.

On allait débattre pendant des décennies sur le point de savoir s'il eût fallu pousser plus avant, pénétrer en Allemagne, obtenir ainsi une capitulation sans conditions, ou si la décision des Alliés, poussés par Wilson, avait été sage. Clemenceau devait écrire à ce sujet :

> Pour moi, mon devoir était des plus simples. M. Wilson, en nous envoyant l'armée américaine, nous avait posé les Quatorze points bien connus... Si j'avais refusé de répondre affirmativement, ce n'était rien de moins qu'un manquement de parole, et l'unanimité du pays se serait faite contre moi tandis que nos soldats m'eussent désavoué avec grande raison. Nous n'avions pas le droit de risquer une seule vie humaine pour un autre résultat. On a répondu que l'éclat du triomphe eût rendu les Allemands plus résignés à la défaite. Ils avaient vu les soldats de Napoléon passer sous la porte de Brandebourg et chacun sait qu'à Leipzig ils l'avaient oublié.

On n'entrera pas ici dans ce débat, pas plus que dans les palabres autour du traité de paix qui vont commencer le mois suivant. On a coutume de dire que, si Clemenceau a gagné la guerre, il a perdu la paix. La formule est rude, mais elle contient au moins une part de vérité.

Keynes, l'économiste britannique qui faisait partie de la délégation anglaise, dira de Clemenceau : « Il avait pour la France les sentiments de Périclès pour Athènes. Elle seule était grande, rien d'autre ne comptait, mais sa conception de la politique était celle de Bismarck. Il avait une illusion : la France, et une désillusion, l'humanité, y compris les Français. »

Le Tigre las est incapable de s'élever à une vision de la paix. Tout au long des pourparlers, il va se montrer arrogant, ignorant, étroit, chauvin, mêlant cynisme et naïveté. Ce paysage de ruines et de révolution que découvre la fin du conflit à travers toute l'Europe, il ne le domine pas.

Sur un point précis, le démembrement de l'Empire austro-hongrois, il se trompe lourdement. Ce démembrement a fait le nid de la Seconde Guerre mondiale et l'on en voit, aujourd'hui encore, ses effets funestes dans l'est de l'Europe.

Il fut opéré sous des influences diverses, maçonnes en particulier, au nom de la « liberté des nationalités », alors que les peuples concernés ne furent même pas consultés. Au nom d'idées nobles, l'Autriche-Hongrie se trouva ainsi démantelée alors que le Reich allemand restait intact.

En vain sa vieille amie Berta essaya-t-elle de fléchir Clemenceau : « Georges ! Je sais que tu es en train de détruire l'Autriche pour la punir. Je sais aussi que c'est injuste, parce que mon peuple n'est pas responsable des erreurs de ses chefs. » Elle lui adressa une ultime demande : que la

France envoie un représentant à la commission de ravitaillement. Selon elle, il céda sur ce point et nomma un personnage connu.

Mais il ne reverra jamais Berta et restera brouillé avec Sophie et son frère Paul[53].

Encore une fois, mon propos n'est pas d'analyser les conséquences pratiques de la guerre ni même les responsabilités particulières de Clemenceau dans le traité de paix. C'est le vieil homme qui retient, tel qu'il sort de l'épreuve.

Le 11 novembre 1918, il se rend au ministère de la Guerre, rue Saint-Dominique, où Foch lui remet le texte de l'armistice. Toute sa famille est présente, les visiteurs affluent. À onze heures, le canon tonne, les cloches se mettent à sonner. Dans la rue où la foule recueillie, anxieuse, piétine depuis la veille, c'est le délire. Une clameur folle se répand.

La séance de la Chambre doit avoir lieu à quatre heures. Une mer humaine recouvre la Concorde et les approches du Palais-Bourbon.

Clemenceau qui, depuis le matin, a été, dit-il, embrassé par cinq cents jeunes filles, paraît. « On voit s'avancer un vieillard, la tête nue et un peu courbée, ganté de gris, les bras tombant comme lassés, donnant l'impression d'un homme brisé par l'émotion qui l'étreint, accablé par tous les honneurs et les vivats dont on le charge, qui se sent dépassé, emporté par des événements qui ne sont pas à la pointure humaine[54]. »

Presque chancelant sous les rafales d'applaudissements, il monte à la tribune. Il lit les clauses de l'armistice, haché par les applaudissements des députés debout. Il ajoute quelques phrases hugoliennes, et puis lance la formule célèbre : « Grâce à eux, la France, hier soldat de Dieu, aujourd'hui soldat du Droit, sera toujours le soldat de l'Idéal ! »

Le canon tonne de minute en minute, la *Marseillaise* éclate.

À cet instant, Clemenceau est la France, puissante, glorieuse, unanime, irréprochable. Telle qu'elle ne sera jamais plus dans son histoire. Jamais plus.

13

Ce fou dont le pays a fait un dieu

Va suivre une brève période de grandes embrassades. On se congratule, on s'aime, on s'étreint, bien que Clemenceau, pudique, n'ait pas le goût des effusions. Le 11 novembre, c'est Poincaré qui tombe dans ses bras. Un peu plus tard, c'est Pétain que Poincaré embrasse devant toute la population de Metz rassemblée pour voir le président de la République remettre le bâton de maréchal de France au soldat de Verdun. Il aperçoit Clemenceau, et, « poussé par un mouvement irrésistible, je lui dis : "Et vous aussi, il faut que je vous embrasse ! — Bien volontiers, répond-il, et nous nous embrassons aux acclamations frénétiques des tribunes et des fenêtres..." » Mais le cinéma a enregistré le mouvement de surprise de Clemenceau. Et les relations entre les deux hommes n'en deviendront pas plus cordiales.

Le 17 novembre, le cardinal Amette,

archevêque de Paris, organise un *Te Deum* à Notre-Dame. Il y convie Poincaré et Clemenceau. Le premier veut s'y faire représenter, le second refuse. « Mgr Amette est très affecté, note Poincaré. Mais quelle amertume de n'avoir pas le droit de faire un geste d'union... » Clemenceau s'obstine « par respect de la séparation » de l'Église et de l'État. Finalement, Mme Poincaré et Mme Deschanel, épouse du président de la Chambre, assisteront à la cérémonie.

Déjà, au moment de la percée des lignes anglaises, une lettre du cardinal Andrieux, archevêque de Bordeaux, avait réclamé à Clemenceau l'institution de prières publiques pour « mobiliser, après les forces matérielles, les forces spirituelles ». On arborerait face aux soldats « l'image du Cœur divin ». Le cardinal ne fut pas même honoré d'une réponse.

On offre à Clemenceau l'Académie française ; pourquoi pas ? On le pressent pour l'Académie de médecine ; il répond : « Dans quelle section me mettrez-vous ? Celle des malades ? » On l'encense.

Après le temps des effusions, la politique reprend ses droits. Toujours président du Conseil, il est vivement attaqué par l'opposition socialiste et quelques radicaux pacifistes, par ceux, tel Briand, qui s'impatientent aussi de le voir au pouvoir depuis trop longtemps, enfin par ceux qui l'accusent de nourrir un préjugé trop favorable à l'égard de Wilson, lequel est arrivé en France à la tête de la délégation américaine pour discuter du traité de paix.

Le 19 février 1919 à huit heures quarante, alors qu'il quitte la rue Franklin pour se rendre au ministère de la Guerre, un homme bondit d'une vespasienne et tire sur la voiture du Tigre dix coups de revolver. C'est un anarchiste, Eugène Cottin. Trois balles ont atteint leur cible. Clemenceau est ramené à son domicile. En fait, les blessures seront légères. Mais il a soixante-dix-sept ans. Et une balle logée contre la crosse de l'aorte ne pourra être extraite.

Le professeur Gosset l'opère. Sa vieille amie sœur Théoneste reprend la garde auprès de l'illustre malade. Mais, le lendemain, elle le trouve debout dans son jardin. Elle le gourmande, il y aura une complication, mais tout s'arrangera. « Avec de la patience et les prières de sœur Théoneste, dit-il, tout ira bien. » Le 27 février, il est au ministère, plus gai, plus gouailleur que jamais. Cottin sera condamné à mort. Fidèle à ses principes, Clemenceau fera commuer sa peine.

Il est devenu un objet de culte. Une idole. Partout, sa tête coiffée du fameux calot noir qu'il a adopté couvre les murs, orne les objets familiers. Dès qu'il paraît, les foules s'amassent, les femmes lui tendent leurs enfants pour qu'il les embrasse. Il subit tout cela avec dignité, simplicité, sans affectation.

Interviennent les discussions houleuses entre Alliés sur l'élaboration du traité de paix. Wilson est arrivé à Paris pour en débattre, avec des idées bien arrêtées. Il ne veut plus entendre parler d'alliances, de balance des forces, d'équilibre européen. Il veut une Ligue des nations capable d'assurer l'exécution d'un traité conçu selon ses principes, en passant au besoin au-dessus des gouvernements pour en appeler aux peuples. Cette Ligue devrait en somme exercer les pouvoirs d'un tribunal.

Clemenceau dit de Wilson : « C'est ce qu'on pourrait appeler une conscience, mais je crains que ce ne soit une conscience avec des œillères... »

La conférence de la Paix est présidée par Clemenceau. Les vertus d'un chef de guerre ne sont pas forcément celles du Talleyrand dont cette conférence aurait eu besoin. Clemenceau en a parfois le cynisme ; il lui manque la vision. Tant d'heures passées en discussions exaspèrent son impatience naturelle. De surcroît, il est sourd. Il se comporte vis-à-vis des délégués des petits États en autocrate d'une brutalité inouïe, ignorant les interruptions, réduisant les protestations à néant. Fort de sa légende, il se montre acerbe et sarcastique avec Lloyd George, indifférent aux Japonais, plein de déférence goguenarde envers Wilson dont il dit en grommelant : « Je suis tombé sur le seul homme qui croit s'y connaître en paix depuis Jésus-Christ ! » Bref, il se conduit en polémiste plus qu'en homme d'État.

Au demeurant, au bout de quinze jours, l'immensité des problèmes à résoudre força les délégués à créer 52 commissions d'experts qui allaient tenir 1 646 séances !

De là sortit la trame du traité de Versailles, amas de trocs et de compromis dont on a pu dire qu'il fut l'enfant monstrueux d'un homme du XXIe siècle, Wilson, d'un homme du XVIIIe, Lloyd George, et d'un homme du XIXe, Clemenceau.

De surcroît, il fut rejeté ultérieurement par les États-Unis qui désavouèrent leur Président. Grâce à quoi il n'entra jamais en vigueur. Mais c'est là une autre histoire...

Des séances de discussion, Poincaré est écarté, ce qui le rend furieux. Il note à propos du Tigre : « Étourdi, violent, vaniteux, ferrailleur, gouailleur, effroyablement léger, sourd physiquement et intellectuellement, incapable de raisonner, de réfléchir, de suivre une discussion (...). C'est ce fou dont le pays fait un dieu (...). Il a sauvé la France à la fin de 1917 (...). Il n'a fait cette besogne qu'aidé et poussé par moi. »

Ce n'est pas une belle nature, Raymond Poincaré. Mais quoi ! Il a eu du courage. Il n'est d'ailleurs pas le seul à qui la popularité du Tigre est insupportable. Mais, étourdissant de verve, celui-ci emporte chaque fois l'adhésion de la majorité de la Chambre. C'est le moment, notons-le en passant, où l'on va changer le mode de scrutin. Dans la foulée, on a pensé aux femmes : elles vont avoir le droit de voter. La Chambre approuve. Mais le Sénat refuse. La vieille défiance envers les femmes présumées inféodées aux curés est tenace. La misogynie naturelle du corps politique aidant, il faudra rien de moins qu'une nouvelle guerre pour qu'on y revienne !

Cependant, au milieu des discussions féroces qui entourent en particulier l'éventuelle occupation de la Rhénanie, préconisée par Foch mais rejetée par Wilson et les Anglais, Clemenceau doit faire face à une situation intérieure tendue. Fini l'euphorie de la victoire ! Dès le mois de janvier 1919, des grèves éclatent : métro, autobus, chemin de fer, électricité. Ce qui se passe du côté de Moscou encourage les extrémistes qui commencent, à gauche, à l'emporter sur les modérés.

Clemenceau se montre impitoyable. Obéissant à ses ordres, Ignace et Mandel organisent la répression : pas de manifestations, pas de cortèges, ni réunions ni protestations publiques sous peine de prison. L'image du Père la Victoire allait s'effacer, dans le cœur des ouvriers, derrière celle du despote.

Les veuves de guerre manifestèrent sous ses fenêtres, rue Saint-Dominique. Le Vieux n'allait pas toucher aux veuves de guerre ! Il y toucha et n'eut pas la moindre hésitation à les faire disperser par la police.

Une véritable journée révolutionnaire fut prévue pour le 1er Mai. Le jour se leva sur une ville morte. Partout le travail avait cessé. Des ouvriers déambulaient, l'églantine à la boutonnière. Un cortège se forma. Il se heurta à la police devant la gare de l'Est. Les manifestants se servirent des grilles des arbres pour les jeter sur les forces de l'ordre. Celles-ci chargèrent, sabre au clair. Il y eut des morts, des blessés. Repoussés, les manifestants parvinrent à contourner la Madeleine et à descendre la rue Royale. Devant eux s'avançaient deux ou trois cents grands mutilés. Clemenceau n'allait pas davantage ménager les mutilés que les veuves de guerre. La charge fut atroce. Évoquant plus tard ces souvenirs, l'un de ces mutilés, l'avocat Henry Torrès, dira : « J'ai compris ce jour-là ce qu'était un homme d'État[55]. »

Le Tigre l'était, assurément.

La révolution n'eut pas lieu.

Alors Clemenceau convoqua les représentants

de la CGT et leur dit : « Je suis vieux. Laissez-moi achever ma tâche. J'aurai été le dernier rempart de l'ancien ordre des choses. Après moi, vous serez les maîtres. La noblesse et la bourgeoisie ont successivement fait faillite. Il n'y a plus que vous, les ouvriers ! »

Quelques mois plus tard, il fait sortir des cartons la fameuse loi des huit heures, conçue depuis trente ans, jamais votée. Le texte fut établi en huit jours et adopté. C'était la principale revendication ouvrière. Dans la foulée, un autre texte voté depuis 1914 mais non encore appliqué entra en vigueur : la loi établissant l'impôt sur le revenu.

Campagne présidentielle

Arrive en 1920 l'heure des élections. Elles ont lieu selon le nouveau mode de scrutin, la proportionnelle. Face aux divisions de la gauche, le Bloc national l'emporte par un véritable raz de marée. C'est la Chambre que l'on appellera « bleu horizon », parce qu'elle comporte de nombreux anciens combattants. Le général Mordacq résuma ainsi les résultats : « La nouvelle Chambre fut non seulement antisocialiste, mais républicaine conservatrice (...) et peu à peu sectaire. Le pilote avait donné le coup de barre un peu fort ; il en fut d'ailleurs victime. »

Victime, comment ?

Il faut donner un successeur à Poincaré dont le septennat expire. Qui ? Un nom s'impose à l'évidence : celui de Clemenceau.

L'élection aurait eu lieu comme aujourd'hui au suffrage universel, il eût cassé la baraque, bien que sa popularité se fût effritée. Son prestige était toujours énorme. Mais le peuple n'avait pas à se prononcer. C'était l'affaire des parlementaires, au scrutin secret.

En voulait-il, de l'Élysée ? Il jurait que non ; que, comme un vulgaire pékin, il avait droit à la retraite. Et puis, c'était mal le connaître que de l'imaginer, dans son immense orgueil, se portant candidat. Il eût fallu qu'il soit soutenu par une sorte d'adhésion générale, qu'on lui forçât la main. Mordacq était hostile, mais un jeune député, André Tardieu, que Clemenceau appréciait, lui arracha un papier disant que si ses amis entendaient voter pour lui, il se laisserait faire une douce violence. Sa famille, son entourage, le poussaient... Il finit par laisser dire qu'il accepterait, sans le dire tout en le disant.

Commença alors, à la Chambre et au Sénat, une campagne d'une nature particulière. « Dans les couloirs, on revit Briand, la nuque ployée, le dos arrondi, la démarche traînante. D'un regard de côté, il choisissait les groupes, les rejoignait à petits pas et, d'une voix molle, laissait tomber :

« Oh, Clemenceau fera très bien comme président de la République. Et puis, quand il mourra, ça fera de belles obsèques, de superbes funérailles civiles [56] ! »

Des funérailles civiles ! Horreur et abomination ! La droite catholique en fut révulsée. L'un de ses députés, Grousseau, vint rue Franklin.

« Je ne suis pas candidat, lui dit Clemenceau.

— Enfin, si on vous élisait, vous accepteriez ?

— Ce serait à voir...

— Et si vous acceptiez, reprendriez-vous les relations avec le Vatican ?

— Ça, jamais ! »

Du coup, l'agent du Vatican et le cardinal Amette donnèrent pour consigne de voter contre lui.

Ailleurs, on s'inquiétait de l'entourage de Clemenceau : le trio Ignace-Jeanneney-Mandel ; on dénonçait l'autoritarisme qui, avec eux, s'installerait à l'Élysée. Partout, enfin, il y avait ceux que Clemenceau avait méprisés sans le leur cacher, des ennemis personnels, des adversaires de toujours.

Le 16 janvier, après que Clemenceau se fut cassé une côte pendant un voyage en Grande-Bretagne, eut lieu au Sénat, selon la tradition, un vote indicatif. Si le Père la Victoire s'était clairement déclaré, il est probable que nul ne l'aurait défié. Mais il n'en avait toujours rien fait. Et c'est

202

un ambitieux médiocre, Paul Deschanel, convaincu par Briand de se présenter, qui emporta la majorité des suffrages : 408 voix, contre 389 à Clemenceau.

123 parlementaires n'avaient pas pris part au vote, rien n'était donc perdu. Mais, aussitôt, blessé au fond, le Tigre adressa une lettre au président de l'Assemblée nationale : « Je prends la liberté de vous informer que je retire à mes amis l'autorisation de poser ma candidature à la présidence de la République et que, s'ils passaient outre et obtenaient pour moi une majorité de voix, je refuserais le mandat ainsi confié. »

Sur quoi, il prit sa voiture pour s'en aller à Giverny, voir Monet, qui le félicita de son attitude.

Il ne restait plus aux parlementaires qu'à rallier Paul Deschanel. Faites élire le président de la République par des notables, disait de Gaulle, et ils choisiront toujours Deschanel contre Clemenceau... Choix symbolique s'il en fut : on sait que le malheureux finit fou et tomba de la fenêtre d'un train en chemise de nuit.

Le lendemain, 18 janvier 1920, Clemenceau remettait la démission de son cabinet à Poincaré et quittait Paris.

Ce fut, dans le monde, une immense surprise et un cri d'indignation. « Une tache dans l'histoire de la France, conclut l'ensemble de la presse américaine. M. Clemenceau restera la plus grande figure de la guerre... » Et l'Anglais Lloyd George : « Cette fois-ci, ce sont les Français qui ont brûlé Jeanne d'Arc... »

En 1917, le roi d'Angleterre avait offert une Rolls-Royce à Clemenceau. En 1920, le gouvernement la lui reprit, alléguant qu'elle avait été offerte au président du Conseil et non au citoyen Clemenceau. Outré par le procédé, dès le lendemain, Sir Basil Zaharoff, le marchand d'armes, mettait une Rolls à la disposition du Tigre.

En France même, les manifestations de sympathie ne lui firent pas défaut. Mais il était meurtri. Son comportement constant — orgueil et inflexibilité — lui avait joué un dernier tour Les hommes ne changent jamais.

Eût-il fait, à soixante-dix-huit ans, un bon président de la République ? Vaine question. Jusqu'où fut-il atteint par tant d'ingratitude ? Il n'en laissa rien paraître. « J'ai rajeuni de dix ans », dit-il à Mordacq et à Monet.

Le fait est que, malgré son âge, et loin d'être bien portant, il prit la plus étonnante des décisions, celle de partir en Égypte. « Je vais voir si Cléopâtre est toujours aussi jolie, dit-il à l'un de ses collaborateurs, et si elle l'est toujours, je l'épouse ! »

La nouvelle vie de Georges Clemenceau commençait.

14

Chasse aux tigres

Ce voyage en Égypte, il voudrait le faire avec Monet. Mais le peintre, obnubilé par sa cataracte non encore opérée, n'a pas le cœur à se déplacer.

Pour finir, c'est un médecin ami, le docteur Wicart, qui sera son compagnon de voyage. Voyage extraordinaire, comme seule l'Égypte en offre au visiteur affamé de beauté.

Jusque-là, Clemenceau a nourri une passion exclusive pour la Grèce, mais l'Égypte l'éblouit. Il la parcourt de long en large, s'offre même une chasse au caïman — mais manque un hippopotame furieux —, écrit à Monet : « Claude Monet, mon bon ami, que faites-vous sur la Seine quand il y a le Nil qui joue ici en ce moment avec le ciel et les montagnes de Thèbes un opéra de lumière qui vous rendrait parfaitement fou ? »

Mais il prend froid au cours d'une nuit glacée et se retrouve au Caire avec une trachéo-bronchite et quarante de fièvre. Wicart le soigne.

« Vous n'allez pas me laisser mourir ici comme saint Louis à Damiette ? » lui dit Clemenceau, abattu. Il s'en sort, mais, affaibli, il doit renoncer à poursuivre le voyage vers la Palestine. Tout de même, il s'en est mis plein les yeux.

Quand il débarque à Marseille où l'attendent sa famille et ses amis, il leur dit, moqueur : « Les voyages forment la jeunesse... »

Et il rejoint la rue Franklin.

Au cours de son voyage, il n'a voulu recevoir aucune nouvelle politique. À son retour, il ne veut entendre parler de rien. Il s'occupe d'affaires personnelles : la vente de Bernouville, la location d'une chaumière en Vendée, à Saint-Vincent-du-Jard, le déménagement d'une maison vers l'autre. Cette chaumière au nom curieux, Belébat, modeste maison basse au toit de tuiles, plantée sur la dune, face à la mer, est une petite merveille. Elle existe encore, intacte, telle qu'il l'aménagea avec de vieux meubles solides.

Entre la maison et la mer, un jardin s'étire qu'il a arraché au sable, faisant venir des tonnes de goémon et d'engrais pour que les roses acceptent d'y pousser. C'est un somptueux fouillis de fleurs. Quand le journaliste Émile Buré vient le voir, il suggère qu'une allée serait la bienvenue. « Une allée ! s'exclame Clemenceau. Une allée !

Comme chez un bourgeois ! Comme chez Caillaux ! Pourquoi pas une pelouse avec une boule dessus, comme chez Poincaré ? »

Il s'enchante au spectacle de la mer. « Regardez la mer, elle est blanche, elle est verte, quel beau temps ! Elle roule, elle écume ! Quelle colère ! Comme une femme ! C'est toujours en colère qu'il faut voir la mer et les femmes ! »

Il fait aussi une cure à Vichy. Là, excédé par les questions des journalistes et les manifestations populaires, il doit demander que son isolement soit protégé. « Il ne pouvait pas se promener dans le parc ou aller dans un magasin sans se trouver immédiatement entouré d'une foule de personnes qui se précipitaient vers lui, demandaient à lui serrer la main et lui témoignaient, d'une façon toujours très touchante, leur reconnaissance d'avoir sauvé le pays [57]. »

Et que fait-il à Vichy, à part prendre les eaux ? Il se documente en vue d'un voyage aux Indes !

Quand Mordacq vient le voir pour le prier de ne pas quitter la France afin de pouvoir suivre de près les affaires politiques, Clemenceau lui répond : « Je n'ai plus aucune influence. Or, quand on ne peut plus agir, on s'abstient, et en pareil cas le meilleur moyen est encore de s'éloigner (...). Quand je reviendrai des Indes, vous ne verrez plus chez moi beaucoup d'hommes politiques. »

Et, à quatre-vingts ans, M. Clemenceau s'en fut chasser le tigre aux Indes.

Il allait aussi y chercher de quoi nourrir le grand ouvrage philosophique qu'il se proposait d'écrire et qui sera *Au soir de la pensée*. On osera dire ici que la méditation philosophique n'est pas le meilleur de Clemenceau, qu'elle est plutôt indigeste, mais qu'importe... C'est son énergie qui est prodigieuse.

Il part donc pour un long périple, accompagné par un collaborateur, Nicolas Pietri. Mais, quand il débarque à Calcutta, le 5 décembre 1920, le gouverneur, Lord Ronalstray, s'inquiète de le voir souffrant et appelle son médecin. « Vous devez retourner en France sans délai, lui dit l'homme de l'art. Vous ne supporterez pas le climat ni les fatigues du sous-continent indien. — Je demande des soins, répondit le Tigre, je ne demande pas de conseils. » Et il dit à Pietri, angoissé : « Que je meure à Calcutta, que je meure à Paris, que je meure un mercredi, que je meure un samedi, cela n'a aucune importance, mais vous ne voudriez pas que je sois arrivé à la porte de l'Inde et que je retourne en France sans avoir visité l'Inde. Ou je mourrai, ou je visiterai l'Inde ! »

Huit jours plus tard, il prend le chemin de fer pour Bénarès d'où il écrit à Monet des lettres enthousiastes : « Je ne veux pas aller au Paradis si je n'y retrouve pas Bénarès et les fleurs et le culte insensé et pourtant inexplicable, et ces bonnes vaches sacrées qui venaient le matin me manger les colliers fleuris dont on m'avait enguirlandé... Java est merveilleuse, Ceylan est admirable, mais rien ne tient devant Bénarès... »

Puis il y a l'expédition, mémorable, avec le maharadjah de Bikaner, pour une chasse au tigre. Après trois jours infructueux, les gardes vinrent avertir qu'on avait repéré la trace de quatre fauves à une trentaine de kilomètres. Clemenceau fit le trajet dans une sorte de palanquin, tandis que les autres notables avançaient à dos d'éléphant. Vers trois heures de l'après-midi, après une battue menée par un millier de soldats, il tua son premier tigre et en tira un second, qui fut blessé à mort. Le maharadjah en tua un troisième. Clemenceau jubilait. Il télégraphia en France : « Très belle chasse à Gwalior. Ai tué deux tigres. Serai Bombay le 27 janvier. »

Puis il s'en fut aux frontières de l'Afghanistan, à Hyderabad, à Mysore où il fut encore invité à une chasse, mais manqua cette fois sa cible, gagna Ceylan, embarqua enfin pour Toulon où l'attendaient sa famille et ses amis. Il débarqua frais comme un gardon, en racontant : « Lorsqu'ils voient des Européens, les tigres fichent le camp et il faut que des gamins les rabattent vers les chasseurs avec des bâtons... » Ce n'est pas Tartarin en Inde.

Il va encore courir en Angleterre pour être reçu docteur *honoris causa* par l'Université d'Oxford, fait une cure à Vichy, décide Monet à l'accompagner en Vendée. « Je ne serais pas surpris, lui dit-il, que vous gagniez ici le goût de la peinture. Il y a des bleus et des verts sur la palette du ciel et de la mer. On en ferait des tableaux. » Le peintre reste une dizaine de jours avec son fils et sa belle-fille, et donne des conseils pour le jardin.

Un nouveau journal

Mais voici que « le Tigre se réveille », écrit Mordacq qui le rencontre à la fin d'octobre 1921. « Ce n'était plus le Clemenceau désabusé que je voyais depuis quelques mois. Je trouvai chez lui, aussi bien au point de vue physique qu'au point de vue vigueur intellectuelle, un changement complet. » S'il refuse absolument de « se lancer dans la mêlée », il entend aider ses amis à « empêcher de continuer le sabotage du traité de Versailles ».

Avec quel moyen d'action ? Un journal, voyons ! Non qu'il veuille reprendre la plume du polémiste. « Mon autorité, s'il m'en reste, y serait gâchée. » Mais il veut aider André Tardieu à développer sa politique et à affirmer sa personnalité. « Je n'ai plus d'espoir qu'en lui. C'est pour lui que je fonde ce journal. »

Le titre fut bientôt trouvé : *l'Écho national*. Le capital, fourni par des amis personnels de Clemenceau et de Tardieu. Y eut-il parmi eux, comme on l'a dit, Sir Basil Zaharoff ? Jean-Baptiste Duroselle affirme que non. En fait, les relations de Clemenceau et de Zaharoff ne sont pas claires. On sait seulement qu'il le rencontra quelquefois, que son fils Michel était l'agent général de la firme d'armement Vickers Armstrong, contrôlée par Zaharoff, et que celui-ci fit don à Clemenceau, comme on l'a dit, d'une Rolls — il contrôlait aussi la firme automobile — dont le Tigre ne se servit jamais qu'en Vendée. À Paris, il circulait à bord d'une petite Citroën capitonnée de gris, conduite par son fidèle chauffeur Brabant.

L'Écho national fut un échec. Accessoirement, Tardieu aussi, en dépit d'une intelligence éclatante. Il ne fut jamais le grand homme d'État dont Clemenceau avait rêvé, et finit mal : ministre de Poincaré, ô horreur !

Enfin, ultime étape, il y eut le voyage en Amérique.

Tout fut déclenché par un poème de Rudyard Kipling, *le Pèlerinage du roi*, où le célèbre écrivain anglais évoquait l'effort de guerre américain, suivi du retour des États-Unis à l'isolement. Une journaliste lui avait demandé des explications :

« L'Amérique est entrée en guerre deux ans, sept mois et quatre jours trop tard, répondit Kipling. L'Amérique a forcé les Alliés à conclure la paix à la première opportunité, au lieu d'insister pour la finir à Berlin. L'Amérique s'est retirée le jour de l'armistice sans attendre de voir la tâche accomplie. » Et, à ces reproches, il ajoutait : « Les Américains ont pris notre or, ont fait de bonnes affaires, sont nos créanciers. Ils ont accaparé tout l'or du monde, mais nous avons sauvé nos âmes ! »

Ces déclarations avaient fait un bruit d'enfer aux États-Unis. Un journal américain, *The World*, dépêcha un collaborateur à Clemenceau pour savoir ce qu'il en pensait. Celui-ci déclara qu'il ne s'associait en rien aux attaques de Kipling et exprimait « la plus vive gratitude à l'égard de l'Amérique et de l'Angleterre ». Mais il ajouta à la surprise générale : « Je suis prêt à aller m'expliquer directement aux États-Unis de mon propre chef et sans aucune mission de personne pour dire franchement quels sont à mon avis les droits et les devoirs de chaque peuple... »

Tohu-bohu aux États-Unis et à Paris, déclarations en tous sens, généralement désobligeantes pour Clemenceau : « Il va là-bas pleurnicher et faire du sentiment... Il a perdu la paix ! » hurla Foch, ennemi décidément irréconciliable. Mais Clemenceau se retrouva invité par *The World* en échange de six articles.

L'accueil qu'il reçut à travers les États-Unis fut délirant. Il déclara à ses auditoires américains en termes simples, forts — et dans un excellent anglais —, ce qu'il avait à leur dire, sans se poser en donneur de leçons : « Je viens expliquer à l'Amérique que la France n'est ni militariste ni impérialiste, et que si elle maintient une armée forte, c'est parce qu'elle n'a pas, dans l'état actuel de l'Europe, d'autres garanties. Que ces garanties soient, et nous désarmerons. »

Il ne fut pas toujours entendu, loin de là, mais constamment admiré. Il constata : « Je ne nie pas qu'il y ait un certain nombre d'Américains qui ne veulent être liés ni pour la paix, ni pour la guerre. » Mais il n'avait aucun moyen d'influence, hormis sa parole. Il n'avait le droit de pousser aucune action diplomatique. Son voyage aux États-Unis aura été quelque chose comme un cri du cœur. Il ne regrettera pas de l'avoir lancé.

Querelle avec Foch

Désormais, il allait rester tranquille et se consacrer à l'écriture, à son ami Monet, et, bientôt, comme on l'a dit en commençant, à Mme Baldensperger. Fait remarquable, il ne parla jamais d'elle. Ses deux filles et son fils exceptés, aucun de ses intimes, témoins des dernières années, ne la rencontra. Marguerite fut la fleur délicieuse de son jardin secret.

Il lui écrit :

> Madame, madame, je suis fou d'amitié...
> Pour me faire patienter, envoyez-moi vos yeux et votre voix...
> La plus belle, la plus jeune, la plus chère des grandes Madames, je vous souhaite un impétueux bonjour. Votre lettre mieux qu'exquise a gonflé mes ailes comme fait la brise marine d'une vieille hirondelle au bord d'un toit...
> Je vous attends, voilà toute ma vie d'un mot. Il y a beaucoup de manières d'attendre.
> Sachez que je les ai toutes...

Il va écrire *Démosthène* sous son impulsion. Un *Démosthène* brillant, où il se peint lui-même, mais qui n'obtient qu'un succès relatif.

Au soir de la pensée, essai philosophique, ne fut pas mieux reçu.

Mais *Grandeur et Misères d'une victoire*, publié peu de temps avant sa mort, trouva en revanche une immense audience. C'est qu'il s'agissait de tout autre chose : en trois cent soixante-quatorze pages, c'est une réponse véhémente à une attaque arrogante de Foch lancée par le truchement d'un écrivain, Raymond Recouly[58].

On connaît la thèse de Foch : il fallait occuper la rive gauche du Rhin et démembrer l'Allemagne. Dans sa préface, Clemenceau indique qu'il aurait pu renoncer à répondre « si le souffle des grands jours n'avait magiquement ranimé la vieille flamme, toujours brûlante, des émotions d'autrefois ». Elle souffle là, ardente. Il confie à Jean Martet : « J'étais mort. Ils m'ont ressuscité. » De ce moment jusqu'à ses dernières semaines, il s'acharne sur ce livre.

Le 20 mars 1929, Foch meurt. Poincaré, président du Conseil, invite Clemenceau aux obsèques nationales « pour la fierté de la France et la beauté de l'Histoire ». Le Tigre refuse. Il lance à Martet : « Vous me voyez derrière le char avec Poincaré ? Foch a eu de grandes heures, mais il a fait un certain nombre de choses qui ont brisé tous liens entre lui et moi. Quant à Poincaré, c'est très simple : il me rend malade. Alors, qu'est-ce que vous voulez que j'aille faire entre ce mort et ce vivant [59] ? »

Sur quoi, sans paraître aux cérémonies, il va se recueillir devant le cercueil du maréchal dont, dans le livre qu'il rédige, il est en train de faire la fête !

Le 16 juillet 1929, il écrit à Mme Baldensperger : « Mon travail marche. Ce matin, je ne suis levé qu'à six heures. Mais, avant l'arrivée de Martet, vers les dix heures, j'avais fait une nouvelle préface infiniment supérieure à l'autre dont je n'étais pas content. Celle-ci est ce qu'il faut qu'elle soit. »

Elle est excellente, en effet, sur le mode de l'interpellation.

> Voyons, Foch ! Foch ! Foch ! Mon bon Foch ! Vous avez donc tout oublié. Moi, je vous vois tout flambant de cette voix autoritaire qui n'était pas le moindre de vos accomplissements. On n'était pas toujours du même avis. On rageait, mais on espérait, on voulait tout ensemble. L'ennemi était là qui nous faisait amis. Foch, il y est encore. Et c'est pourquoi je vous en veux d'avoir placé votre pétard à retardement aux portes de l'Histoire, pour me mettre des écorchures dans le dos (...). J'avais et j'ai encore des provisions de silence au service de ma patrie. Mais, puisque l'on ne manquerait pas d'imputer ma modération à défaillance, je ne puis demeurer sans paroles. Vous m'appelez. Me voici.

Ses trois dernières années, concentrées sur ce travail, furent tristes, cependant, comme il arrive inéluctablement quand on vit trop vieux. D'abord, on perd qui l'on aime. Il fut frappé dans sa famille et dans ses amitiés : Albert, Geffroy, Monet dans son cercueil voilé de clair (il avait interdit le noir), Monet le très cher...

Et puis on s'assombrit. Et comment Clemenceau serait-il resté aveugle en 1927, 28, 29, devant l'anéantissement accéléré de tout ce qui avait été si difficilement gagné. « Il paraît parfois vaciller. Il lui faut survivre à toutes les séparations, il lui faut pressentir qu'une conflagration générale va encore éclater, sans rien pouvoir faire d'autre que d'écrire des livres[60]. » Il ne cesse de répéter : « Dans cinq ans, dans dix ans, les boches entreront chez nous comme ils voudront. Personne n'a peur ? Personne ne voit ce qui va se passer ? »

En novembre 1929, à quatre-vingt-huit ans, Georges Clemenceau n'était pas malade. Il était fatigué, immensément fatigué, même s'il continuait à faire sa gymnastique quotidienne. « Je m'accroche à la vie avec des ongles mous... », disait-il.

Mais ce n'est pas son cœur de tigre qui cédera. C'est une crise d'urémie qui l'emportera, le 24 novembre. Avant de mourir, il prendra la main de Brabant, son chauffeur, d'Émile, son fidèle valet, et, tendrement, il les embrassera.

Il avait toujours pensé avec horreur à ce que risquaient d'être ses funérailles. Il voyait déjà Poincaré et Briand tenant le cordon du poêle, le déferlement d'hypocrisie au milieu des couronnes, les larmes de crocodile, les discours, et, qui sait, un cardinal qui aurait réussi à se glisser là. Tout le bastringue ! L'abomination, quoi !

Aussi prit-il la précaution de laisser un testament précisant ses dernières volontés :

« Je veux être enterré au Colombier à côté de

mon père. Mon corps sera conduit de la maison mortuaire au lieu d'inhumation sans aucun cortège. Aucune ablation ne sera pratiquée. Ni manifestation, ni invitation, ni cérémonie.

« Autour de la fosse, rien qu'une grille de fer, sans nom, comme pour mon père. »

Et il énumère ce qu'il veut que l'on place dans son cercueil : sa canne, un petit coffret qui lui venait de sa mère, les bouquets desséchés...

Il distribuait ensuite des objets à ses amis, donnait son Daumier au Louvre, léguait son bureau de Belébat et son petit encrier à Marguerite Baldensperger, et chargeait celle-ci de la publication de ses ouvrages.

L'accompagnèrent à sa dernière demeure, comme il aurait aimé, ses fidèles, sa famille, Marguerite. Là, au petit bois du Colombier, la foule était venue spontanément, les gens du pays. On porta le cercueil dans la fosse creusée la nuit précédente par Brabant et quelques paysans du voisinage à côté de celle de Benjamin, sous un grand cèdre. Chacun jeta une poignée de terre. Et puis ce fut fini.

Une légende tenace veut que Clemenceau ait été, de par sa volonté, enterré debout.

La vérité est qu'en creusant, Brabant était tombé sur du roc. Et qu'au lieu de poser le cercueil dans un écrin de terre bien à plat, il fallut l'incliner légèrement. L'imagination publique a fait le reste.

Anonyme, sans une inscription, sans une croix, bien sûr, sans un signe, indiscernable, ne serait-ce la grille qui l'encage, la tombe de Georges Clemenceau est à l'image de son orgueil.

15

Un cœur de tigre

En achevant cet ouvrage, j'ai conscience de ses lacunes. On peut écrire mille pages sur Clemenceau. J'espère néanmoins qu'il répond à mon objectif : tracer un portrait de l'homme auquel est allée la ferveur de mon enfance, tel que je le vois aujourd'hui, y compris dans ses traits exécrables, mais dans toute sa dimension.

Le républicain, le patriote, l'homme d'État.

Républicain : il fut de cette poignée d'hommes qui ont enraciné la République dans la nation. Tout le monde est républicain de nos jours, ou croit l'être. Et si c'était un peu plus difficile que ça ? Un peu plus exigeant ?

Patriote : il a récupéré le patriotisme confisqué par la droite et l'a rendu à tout le pays. Le mot n'a plus de sens ? Il est désuet ? Appelons-le sentiment national. Il ne faut en laisser le privilège à personne. Chacun de nous n'a qu'une patrie, comme il n'a qu'une mère.

C'est pourquoi, à travers tous les bouleversements qui ont affecté la France de Clemenceau jusqu'à la rendre parfois méconnaissable, il ne faut pas avoir peur de se revendiquer républicain et patriote dans la France d'aujourd'hui et de demain. Sans grands mots. Sans emphase. Mais avec détermination.

Homme d'État : quitte à aggraver mon cas, je dirai que, si peu de goût que j'aie pour l'autorité, je respecte ceux qui savent gouverner. L'espèce est si peu répandue ! Il faut beaucoup de prétention pour se croire désigné à une telle fonction, et une confiance en soi dont on aimerait qu'elle soit plus souvent fondée. Mais, pour en être digne, il faut surtout du courage.

De tous les courages, le courage politique est le plus rare, le plus ingrat aussi, tant les peuples y sont rebelles, la démagogie plus facile que la rigueur.

Puissent ceux qui prétendront demain et après-demain assumer la charge de conduire les affaires de la France posséder un cœur de tigre. Il ne leur faudra pas moins.

Notes

1. *Lettres à une amie*, Gallimard, 1971.
2. Jean Martet, *M. Clemenceau peint par lui-même*, Albin Michel, 1929.
3. *Ibid.*
4. Carnets de Benjamin dans Georges Wormser, *La République de Clemenceau*, PUF.
5. Jean-Baptiste Duroselle, *Clemenceau*, Fayard, 1988.
6. Musée Clemenceau, Paris.
7. Jean Martet, *op. cit.*
8. Paul Robiquet, *Discours et Opinions politiques de Jules Ferry.*
9. Jean Martet, *op. cit.*
10. Berta Szeps Zuckerkandl, *Souvenirs d'un monde disparu*, Calmann-Lévy, 1939.
11. Discours au Sénat, 28 décembre 1872.
12. Georges Clemenceau, *Le Grand Pan.*
13. Jack D. Ellys, *The Early Life of Georges Clemenceau.*
14. Léon Daudet, *La vie orageuse de Georges Clemenceau*, Albin Michel, 1938.
15. *Journal officiel*, discours du 30 juillet 1885.
16. Charles de Freycinet, *Souvenirs.*
17. Philippe Erlanger, *Clemenceau*, Grasset, *Paris Match*, 1968.
18. Jean-Yves Mollier, *Le Scandale de Panamá*, Fayard, 1991.
19. Jean-Yves Mollier, *op. cit.*
20. *Journal des Goncourt*, samedi 24 juin 1893, coll. «Bouquins».
21. Georges Gatineau, *Clemenceau: des pattes du Tigre aux griffes du destin*, Presses du Mail, 1961.
22. Archives nationales. Renseignements généraux.
23. *Journal officiel*, discours du 8 mai 1891.
24. Discours au cirque Fernando, 11 avril 1880.
25. Alexandre Zévaès, *Clemenceau*, 1949.
26. Jacques Bariéty, *Revue historique*, 1975.
27. Musée Clemenceau, Paris.
28. Léon Daudet, *op. cit.*

29. Gustave Geffroy, *Georges Clemenceau, sa vie, son œuvre*, Larousse, 1919.
30. Philippe Erlanger, *op. cit.*
31. Pierre-Victor Stock, *Mémorandum d'un éditeur*, 1936. Réédition. 1994.
32. *L'Humanité*, 14 mars 1902.
33. David Watson, *Clemenceau, a Political Biography,* Londres, Eyre Metheven, 1974.
34. Paul Cambon, *Correspondance*, t.III.
35. Jean-Baptiste Duroselle, *op. cit.*
36. Jean Martet, *op. cit.*
37. Jean-Baptiste Duroselle, *op. cit.*
38. Maurice Segard, *Neuf conférences de Clemenceau*, Larousse, 1930.
39. Jean Martet, *op. cit.*
40. Judith Cladel, *Rodin*.
41. Léon Daudet, *op. cit.*
42. François Furet, *Le Passé d'une illusion*, Calmann-Lévy, 1994.
43. Philippe Erlanger, *op. cit.*
44. Jean Martet, *op. cit.*
45. Maurice Barrès, *Mes cahiers*.
46. Jean Martet, *op. cit.*
47. *Ibid.*
48. *Ibid.*
49. Georges Wormser, *La République de Clemenceau*, PUF, 1929.
50. Général Mordacq, *Clemenceau au soir de sa vie*, Plon, 1933-1936.
51. Jean-Baptiste Duroselle, *op. cit.*
52. Discours au mémorial de Sainte-Hermine, 1921.
53. Berta Szeps Zuckerkandl, *op. cit.*
54. *Le Temps,* 12 novembre 1918.
55. Philippe Erlanger, *op. cit.*
56. *Ibid.*
57. Général Mordacq, *op. cit.*
58. Raymond Recouly, *Le Mémorial de Foch*, Plon, 1924.
59. Jean Martet, *op. cit.*
60. Georges Wormser, *op. cit.*

Bibliographie

Les biographies de Clemenceau ou relatives à Clemenceau sont innombrables. Deux d'entre elles font autorité :

Georges Clemenceau, a Political Biography, par David-Robin Watson (Londres, Eyre Metheven, 1974).
Georges Clemenceau, par Jean-Baptiste Duroselle (Fayard, 1988).

Les titres suivants ont été d'autre part consultés :

Léon Daudet, *La Vie orageuse de Georges Clemenceau* (Albin Michel, 1938).
J.H.D. Ellys, *The Early Life of Georges Clemenceau*, (Bibliothèque universitaire américaine, introuvable).
Philippe Erlanger, *Clemenceau* (Grasset/Paris Match, 1968).
François Fejtö, *Histoire de la destruction de l'Autriche-Hongrie* (Seuil, 1988).
Georges Gatineau, *Clemenceau : des pattes du Tigre à celles du destin* (Les Presses du Mail, 1961). Récit de son petit-fils, plus ou moins fiable.
Gustave Geffroy, *Georges Clemenceau, sa vie, son œuvre* (Larousse, 1919). L'ami fidèle.
Jacques Julliard, *Clemenceau, le briseur de grèves ; L'affaire de Draveil* (Julliard, 1965).
Jean Martet, *M. Clemenceau peint par lui-même* (Albin Michel, 1929). Son secrétaire particulier.

Jean-Yves Mollier, *Le Scandale de Panamá*, (Fayard, 1991). Complet.
Gaston Monnerville, *Clemenceau* (Fayard, 1968). Solide.
Madeleine Rebérioux, *La République radicale, 1878-1914* (Seuil, 1975).
Berta Szeps Zuckerkandl, *Souvenirs d'une époque disparue* (Calmann-Lévy, 1939). L'amie autrichienne.
Georges Wormser, *Clemenceau vu de près* (Hachette, 1979).

On trouvera d'autre part une documentation importante, en particulier les articles de Clemenceau, au musée Clemenceau, à Paris, et d'abondants documents à diverses sources : la Bibliothèque nationale, les Archives nationales, les Archives du ministère des Affaires étrangères, la bibliothèque Jacques-Doucet, etc.

Je remercie Dominique Patris pour l'aide précieuse qu'il m'a apportée dans la recherche des documents dont j'ai fait usage ici.

*Achevé d'imprimer en janvier 1997
sur les presses de l'Imprimerie Bussière
à Saint-Amand (Cher)*

POCKET - 12, avenue d'Italie - 75627 Paris Cedex 13
Tél. : 01-44-16-05-00

— N° d'imp. 120 —
Dépôt légal : janvier 1997.
Imprimé en France